中国大学慕课平台国家一流本科课程“日本大众文化”配套教材

日本大众文化

主　编　王书玮
副主编　高西峰　李正政

对外经济贸易大学出版社
中国·北京

图书在版编目（CIP）数据

日本大众文化 / 王书玮主编. —北京：对外经济贸易大学出版社，2024.10

ISBN 978-7-5663-2601-0

Ⅰ. ①日… Ⅱ. ①王… Ⅲ. ①群众文化–研究–日本–现代 Ⅳ. ①G249.313

中国国家版本馆 CIP 数据核字（2024）第 111039 号

日本大众文化

王书玮 **主编**

责任编辑：陈培风

助理编辑：邱　悦

出版发行：对外经济贸易大学出版社
社　　址：北京市朝阳区惠新东街 10 号
网　　址：www.uibep.com
资源网址：www.uibepresources.com
邮政编码：100029
邮购电话：010－64492338
发行部电话：010－64492342
E-mail：uibep@126.com

成品尺寸：185mm×260mm
印　　张：9.25
字　　数：186 千字
ISBN 978-7-5663-2601-0
印　　刷：北京时代华都印刷有限公司
版　　次：2024 年 10 月北京第 1 版
印　　次：2024 年 10 月第 1 次印刷
定　　价：39.00 元

序　言

为满足中国高等教育体系改革的迫切需求，响应党的二十大报告中提出的“实施科教兴国战略，强化现代化建设人才支撑”，培养具有家国情怀与国际视野的创新型人才，北京科技大学外国语学院日语语言文学系中日教师团队历经四年编写《日本大众文化》教材。本教材是在 2019 年上线中国大学慕课平台的国家一流本科课程“日本大众文化”的基础上编写，根据课程在运行过程中的学习者建议，特别增加了“重点词汇”“专栏”及“思政小知识”等栏目，以期对学习者有更大的帮助。本教材在不断提高高校本科教学质量的创新改革思路下，侧重培养学生的自主学习能力，强调专业优质课程建设与优质教材建设的协同发展。

通过对北京科技大学日语专业同学发放调查问卷，选取学生们感兴趣的内容设置了 17 讲的课程内容，包括日本广告文化、色彩文化、礼仪文化、汉字文化、饮食文化、体育文化、化妆文化、社会福祉、工匠精神、寺院文化、垃圾分类、二次元文化、诗歌文化以及推理小说等当下热门的日本文化现象。

教材编写团队精心编写的包括传统文化及新生文化的 17 讲内容，旨在使学习者对日本文化产生兴趣，提升对日本传统文化的理解力，同时了解当代日本社会中的各种文化现象，深化文明交流互鉴，为构建亚洲命运共同体及人类命运共同体夯实人文基础。

本书得到北京科技大学教材建设经费资助，得到了北京科技大学教务处的全程支持，在此谨表谢意！

编写团队

2024 年 6 月

目　录

第一课　日本的广告艺术

日本广告极具特色，广告中浓缩了日本文化精神和日式审美特点。本课将解读日本广告的风格及特点。整体来说，日本广告具有以下特点。

一、最大的特点——广告系列化

日本的广告中，有很多广告都是以系列广告的形式面世，而且有些系列持续十几年之久还非常受大众的欢迎。在其他国家的广告里很少能看到这种现象。他们将广告情节化、故事化、小说化。广告不只是宣传的手段，也是一种艺术创作。例如，2017年最受欢迎日本广告排行榜前三的广告就是很好的例子。排名第一的是电信公司au by KDDI的三太郎系列广告。凭借三太郎这条堪比电影的系列广告，au by KDDI在2015年首次获得年度最受欢迎广告第一位，阻断了Softbank的连续九年第一，并且连续四年一直占据着最受欢迎广告第一位的宝座。根据维基百科日文版的网页信息，2015年至今，不计番外篇，au by KDDI已经发布了118则系列广告。

CMリスト [編集]

太字は広告コピー。

2015年CMリスト	[表示]
2016年CMリスト	[表示]
2017年CMリスト	[表示]
2018年CMリスト	[表示]
2019年CMリスト	[隠す]

No.	サービス	篇
114	auゼロ学割	「生徒会長」篇
115	一緒にいこう	「春のトビラ・一緒にいこう」篇
番外	一緒にいこう	「一緒にいこう」篇 (フル) Ver (WEB CM)
116	auゼロ学割	「副会長」篇
番外	auゼロ学割	「怪盗キッド・盗まれたCM」篇
117	三太郎の日	「快適」篇
118	auゼロ学割	「学食行列」篇
番外	auゼロ学割	「怪盗キッドの予告状・前編」篇
番外	auゼロ学割	「怪盗キッドの予告状・後編」篇

图1　au by KDDI的系列化广告

（https://ja.wikipedia.org/wiki/Au，2019年3月31日）

最受欢迎广告排行第二位的是电信公司NTT docomo的系列广告。从2018年9月开始，以“みんあを、ドまんなかに、WITH YOUR STORY”为主题，NTT docomo

公司制作了新的系列广告。现在公开上映的广告有 14 个。另外，还有之前的特别报道系列广告，以及 walk with you 系列广告，都是非常新颖，而且受到大众欢迎的系列广告。

最受欢迎广告排行第三位的是通信公司 Softbank 的系列广告。以“白户家”一家为中心展开的系列广告，从 2007 年 6 月一直持续至今，已经有超过 16 年的历史了。2015 年被 au by KDDI 的广告超越之前，连续九年一直占据着最受欢迎广告第一位的宝座。Softbank 的系列广告启用了众多明星，其中包括 SMAP 发布的很多系列广告，现在公开上映的广告就有 29 个。

二、广告创作特点

1. 融入日本传统文化，用反差吸睛

日本广告创作素材之一就是大家耳熟能详的日本民间传说。其实这也是很多日本知名作家在创作小说时使用的手段，例如，日本大正时期著名作家芥川龙之介就经常使用这种手法进行创作。广受欢迎的 au by KDDI 三太郎系列广告就重新演绎了日本家喻户晓的民间故事桃太郎、浦岛太郎、金太郎、辉夜姬等，情节安排奇特幽默，令人脑洞大开。这样的一种以日本人尽皆知的传说故事作为背景，并将几个传说故事进行大胆融合的创作手法，为这一系列广告奠定了群众基础。

虽然广告情节的故事基础是民间传说，但是 au by KDDI 的二次创作赋予了其全新的生命力。比如在原作中毫不相干的桃太郎和辉夜姬在系列广告中擦出了爱情火花，令人捧腹。三太郎系列广告的导演滨崎慎治说：“稍稍背离观众的印象和期待是很重要的”，比起提高公司的知名度，最大的目标是让大家喜欢“三太郎”。“三太郎”在日本传说中都是真正的英雄，但广告的人物设定与原著相差很大。想来正是这种反差化的人设，让传说中的英雄变成了普通人，很容易让人产生共鸣，使大家产生“我们都是英雄”的感觉。

2. 日式小清新风格

近来，在网络上经常可以看到日式小清新的字样，尤其体现在家庭装修、穿衣、化妆风格上。日式小清新成了形容日本审美风格的固定说法。日式小清新在视觉上给人的感受主要是画面干净、雅致，给人以低调、含蓄、朴素、简洁的感觉。这种风格在很多广告中都能看到。

青春 18 是一种在规定期间使用的，JR 全线普通列车的乘车券。一般在日本寒假、春假和暑假时发售，售价 12 050 日元（2023 年 6 月发售价格，约 600 元人民币左右）。在一个季节内，每次可以任选五天使用，期间可以多人一起使用，但必须同行。可以乘坐日本全国范围内的 JR 线的普通列车（含快速列车）的自由席。广告图片画面清新，主要以日本各地的自然风物为主。

无印良品在国内的知名度也很高，以其纯朴、简洁、环保的特点，备受欢迎。它的广告也非常富有日式小清新风格。

三、广告的幽默与偶像元素

1. 追求诙谐幽默

日本人大多认为自己身上幽默元素不多，这体现了岛国人民居安思危的忧患意识，也与日本人按部就班、交往刻板的特点有关，更与紧张的社会节奏给人们带来的心理压力有关。在这样的环境下，人们在精神方面的放松就显得很有必要。因此广告通过幽默的表现手法，让人们在会心一笑之余了解产品信息。例如 2017 年最受欢迎日本广告排行前三名中，就有很多诙谐幽默的广告。

另外，docomo 的特别报道系列也是以笑星的段子为原型拍摄的系列广告，主要以 2017 年爆红的笑星ブルゾンちえみ的“职业女性”的段子为原型拍摄。故事情节幽默诙谐，广受欢迎。因此，日本的广告中邀请笑星出演的情况也非常多。

2. 发达的偶像文化，开创广告新局面

在日本演艺圈，偶像是独立于演员、歌手之外的一个行业。这是世界上其他国家都没有的一种文化。

1996 年，正处于事业巅峰的木村拓哉代言了 Kanebo 的口红，这是日本男星首次代言女性产品。此举打破了大众的传统观念，引发社会轰动。全日本的女性为之疯狂，口红也一直处于脱销的状态。更夸张的是，不少大众顺手拿走了挂在电车、地铁里的口红海报，配合宣传海报的制止海报也频繁出现了被盗的情况。

启用当时最有魅力的男星担当女性产品的形象代言人，看得出 Kanebo 的野心和魄力。从结果来讲，绝对是取得了 1 加 1 大于 2 的效果。在此之前，化妆品等女性产品都是只由女性代言。自木村拓哉之后，才开始出现由男星代言女性产品的现象。而这个影响不仅限于日本，还影响了全世界，开创了广告界的新局面。

这一现象不仅体现了日本夸张的偶像崇拜文化，也侧面反映出日本人的民族性中热爱美的一个特点。

图 2　大阪道頓堀广告牌（日本偶像二宫和也）
（朱琳　拍摄于 2018 年 9 月 30 日）

重点词汇

【“三太郎”系列广告】

日语：“三太郎”シリーズ CM　(さんたろうシリーズシーエム)

日本通信公司 au by KDDI 于 2015 年 1 月 1 日起开播的系列广告。这一系列广告将日本民间故事中的桃太郎（松田翔太 饰）、浦岛太郎（桐谷健太 饰）、金太郎（滨田岳 饰）三个人物设定为好友，情节安排奇特幽默。

【桃太郎】

日语：桃太郎　(ももたろう)

日本著名民间故事之一。这一民间故事主要讲述了从桃子里诞生的“桃太郎”用老爷爷、老奶奶给的糯米团子使得猴子、狗和雉鸡成为自己的伙伴，去“鬼岛”打败恶鬼的故事。

【浦岛太郎】

日语：浦島太郎　(うらしまたろう)

日本古代传说的主人公。故事讲述了浦岛太郎因救了龙宫中的神龟而被其带到龙宫并受到龙女款待的故事。临别之时，龙女赠送给太郎一个玉盒且告诫不可以打开它。太郎回家后发现认识的人都不在了，于是他打开玉盒，随后化作老翁。

【金太郎】

日语：金太郎　(きんたろう)

以金太郎为主人公的日本民间故事。据说金太郎和母亲一起生活在足柄山上，自幼便非常强壮。长大后，金太郎成了一名勇士。

【青春 18 车票】

日语：青春 18 きっぷ　(せいしゅんじゅうはちきっぷ)

日本铁路集团 JR 推出的限乘车型（仅限普通列车和快速列车）及使用时间的周游型铁路通票。

【佳丽宝化妆品有限公司】

日语：株式会社カネボウ化粧品　(かぶしきがいしゃカネボウけしょうひん)

一家总部位于东京都中央区的化妆品公司。最早以纺织业起家，原名“鐘紡”。“佳丽宝（Kanebo）”一名取自“鐘（kane）紡（bo）”的日语发音。

专栏

“三太郎”系列广告为何深受日本观众喜爱?

日本通信公司 au by KDDI 的“三太郎”系列广告常年霸占日本最受欢迎广告排行榜的第一名，饰演浦岛太郎的桐谷健太更是凭借广告歌曲《海之声》登上 NHK 红白歌会的舞台。“三太郎”系列广告为什么深受日本观众喜爱呢？

关于“三太郎”系列的终极目标是什么这一问题，导演滨崎慎治答道：“希望让大家喜欢上 au。”当通信公司的商品和服务水平相当时，决定胜负的往往是“喜欢”的情感。滨崎还举例说道：“我们换钱包时最初总会不习惯。但随着使用时间的增加，慢慢就会觉得这个钱包只属于自己。同理，观众每天在广告中看到同样的角色时，也会对角色逐渐产生亲近感。”

“三太郎”系列的广告时长一般为 15 秒或 30 秒，内容大多是三太郎的日常小故事，最后会猝不及防地来一句诸如“学生优惠套餐×××日元”的广告语。但仔细想想就会发现，广告剧情和新套餐其实对得上号。为保持观众对“三太郎”系列的新鲜感，导演会安排新的传说人物加入广告中。比如人气女演员有村架纯与菜菜绪就扮演了辉夜姬与乙姬。有了新人物，故事便能不断展开。

“三太郎”系列的另一特点是广告歌曲十分好听。2016 年，au by KDDI 推出“海之声”篇广告。广告中，思念乙姬的浦岛太郎拨着三味线深情地唱道：“想要知晓大海之声，不断寻找你的声音（海の声が知りたくて、君の声を探してる）。”质朴动人的歌词使得这首冲绳民谣大受欢迎，au by KDDI 公司趁着话题热度在 YouTube 上播出了完整版广告，播放次数高达 9 000 万次，饰演浦岛太郎的桐谷健太也因此在红白歌会上演唱了《海之声》。

能把广告歌曲唱到日本人的红白歌会上，可见“三太郎”系列广告的受欢迎程度非同一般。电信公司如何拍出有趣却不失温情的广告，“三太郎”系列算得上是一个范本。

思政小知识

本课介绍了 au by KDDI 三太郎系列的广告，这一系列广告将不同的民间传说改编为同一个故事，不仅普及了原有的故事情节和人物设定，而且推陈出新，把本不相关的故事串联了起来，衍生了颇让人意外的故事情节，从而广受好评。该系列广告的成功，首先体现了日本人对于传统文化的了解，如果广大观众不知道原来的故事情节，那么也不会觉得新创的情节吸引人。au by KDDI 的广告首先对传统文化给予了充分的重视。日本的文化受到了中国文化的很大的影响，可以说中国的文化是整个东亚各国文化的基石。日本文化中借鉴吸收了许多中国传统文化元素，日本人对自己的文化抱有如此的文化自信，我们中国文化作为源头，无论何时都更要报以更大的文化自信，积极传播中国传统文化，让更多人领略到中华文化的永恒魅力。

另外，日本的广告，不管是视频还是图片，都令人感受到它的注重细节，精益求精，体现了日本人的工匠精神。无论做任何事情都要高标准、严要求，力求将事情做到最好，才能得到令人满意的结果。

练习题

一、选择题

1. 以下选项中，不属于 2017 年最受欢迎日本广告排行榜前三名的是（　　）。
   A. docomo 的系列广告　　B. 无印良品的系列广告
   C. au by KDDI 的三太郎系列广告　　D. Softbank 的系列广告
2. 曾连续九年一直占据日本最受欢迎广告第一位宝座的是（　　）。
   A. 无印良品的系列广告　　B. Softbank 的系列广告
   C. au by KDDI 的三太郎系列广告　　D. docomo 的系列广告
3. 首次启用男星代言化妆品的日本品牌是（　　）。
   A. FANCL　　B. Kanebo
   C. ALBION　　D. SK-Ⅱ
4. 木村拓哉代言 Kanebo 口红是（　　）年。
   A. 1998　　B. 1995
   C. 1996　　D. 1997
5. 以下选项中，体现“日式小清新”风格的是（　　）。
   A. JR 青春 18 系列海报　　B. Softbank 的系列广告
   C. au by KDDI 的三太郎系列广告　　D. docomo 的系列广告
6. “三太郎”是指（　　）。（多选题）
   A. 桃太郎　　B. 金太郎
   C. 浦岛太郎　　D. 武太郎
7. “三太郎”系列广告中涉及的人物有（　　）。（多选题）
   A. 辉夜姬　　B. 浦岛太郎
   C. 桃太郎　　D. 金太郎

8. 日本广告的特点有（　　）。（多选题）

A. 系列化广告　　B. 融入传统文化，用反差吸睛

C. 追求诙谐幽默　　D. 发达的偶像文化开创了广告新局面

二、判断题

1. 日本广告创作素材之一是民间传说，且不会对传说内容进行较大更改。（　　）
2. Kanebo 曾启用男星代言口红，效果不是很理想。（　　）

三、思考题

1. 请论述日本三大广告公司的设计风格及其特点。你认为它们成功的秘诀是什么？
2. 大家在日本广告中看到了哪些日本文化的缩影？
3. 请介绍一下日本的著名广告设计师及其创作风格（至少 2 位）。

第二课　日本的推理小说

提及日本小说，可能很多人都会第一时间想到东野圭吾的推理小说。东野圭吾，1958 年生于日本大阪，就读于大阪府立大学电气工学专业，日本推理小说作家、工程师。1985 年，东野圭吾的作品《放学后》获第 31 届江戸川乱步奖，1999 年，《秘密》获第 52 届日本推理作家协会奖，2006 年，《嫌疑人 X 的献身》获第 134 届直木奖，从而成为了日本推理小说史上罕见的“三冠王”。

一、东野圭吾的小说创作

东野圭吾的创作与日本传统推理小说有着密切的关系。东野圭吾的推理小说是在怎样的文化土壤中创作出来的呢？可以说他在继承传统的同时，又开拓了独特的推理小说风格。

1. 他山之石

日本传统推理小说是在吸收借鉴英美推理小说的基础上发展起来的。在吸收借鉴的英美小说之中，英国小说以柯南道尔的《福尔摩斯探案集》、阿加莎克里斯蒂的《东方快车谋杀案》《尼罗河谋杀案》为代表。美国侦探小说则有爱德加·爱伦·坡的《莫尔格街谋杀案》等作品。

日本推理小说时期以江户川乱步、松本清张、森村诚一为代表。日本推理小说发展至今，流派层出不穷。首先，20 世纪 40 年代，本格派代表作家江户川乱步创作出《恶魔》《孤岛之鬼》等作品，作品注重现实主义、逻辑推理和意想不到的情节。同时期本格派代表作家横沟正史在《本阵杀人事件》中则更强调浪漫主义和逻辑推理。

到 20 世纪 50 年代，社会派的松本清张在代表作《点和线》中，注重逻辑推理的同时，更探索犯罪的社会根源以及反映人们的精神困顿。时至 20 世纪 70 年代，新社会派的森村诚一在《人间的证明》中，凸显社会责任感，关注人性。20 世纪 80 年代，新本格派的岛田庄司的作品趋向现实主义，关注事件案情。在日本，20 世纪 90 年代被称之为“失去的十年”，这一时期历经奥姆真理教事件、阪神大地震、泡沫经济，因此写实本格派更关注社会现实及人性，兼具良好的推理小说传统和历史使命。东野圭吾作为富有创新精神的作家，创作题材众多，涉及领域广泛，表现出众多领域的融合性。

2. 东野圭吾推理小说的创作三阶段

东野圭吾推理小说的创作分为以下三个阶段：20 世纪 80 年代为第一时期——酝酿期，是传统本格小说的理解和实践阶段。以反映校园生活的《放学后》为代表，小说结构多为单线，作品中多出现“密室、童谣、密码”等关键词。

20 世纪 90 年代为第二时期——成熟期。代表作为《宿命》《名侦探的守则》《名侦探的诅咒》，多反映社会问题，如滥用权力、虐童问题等，摆脱了凶杀故事的单一性，涉及更多复杂话题，情节跌宕起伏，人物形象也更加饱满。日本推理作家协会大泽在昌评价说“他的作品中有意识地表达弱者的愤怒”。

自 2000 年至今为第三时期——完善期，作品内容与时俱进，题材多样。如《神探伽利略》描述科学犯罪案，《幻夜》中描述珠宝抢劫案。而《白夜行》中则是信息犯罪案，《恶意》中关注犯罪动机以及人性。

图 1　南海出版公司 2017 年 7 月发行的东野圭吾小说《白夜行》中文版封面

二、东野圭吾推理小说的主题

东野圭吾推理小说的主题可谓极其多元化。第一类反映社会现实，并揭露悲剧产生的根源。《幻夜》通过描写泡沫经济、工厂倒闭、地震等事件，关注灾难与安全问题。《分身》中伊原骏策贪恋权利，但克隆儿子最终夭折。《宿命》中，政界人员企图利用高科技控制人的思想。此类作品聚焦权力与生命问题，发人深省。《湖边凶杀案》中通过描写初中生的教育现状揭露体制弊端及犯罪问题。《彷徨之刃》中直指法律存在的弊端，即法律同时保护受害人和施暴者。

第二类关注科学的滥用与惩罚。《分身》和《宿命》是此类主题的代表作。

第三类关注家庭问题。《白夜行》中桐原缺少母爱，走上犯罪道路。《红手指》中父子关系淡漠，《麒麟之翼》则聚焦老人问题。

第四类关注人性。东野圭吾在讲到《信》的创作动机时，他试图通过犯罪家属的生活现状，反映社会对于此类弱势群体的歧视这一问题。主人公武岛刚志在狱中的每一封信都希望“用自我忏悔的方式净化自己不洁的灵魂，把人从泯灭人性的负罪感中解脱出来，最后达到改变人心、改造社会的目的”。

第五类注重塑造女性形象。从《白夜行》中的“恶女”弥生子到《红手指》中的“圣女”八重子，刻画了不同的女性形象。

三、东野圭吾风靡中日两国

众所周知，东野圭吾的作品在海内外收获了大量读者。日本的推理小说历史悠久，创作队伍庞大，作品艺术风格独特，日本读者的阅读习惯、文坛奖项的设立等都是东野圭吾的小说被广泛接受的重要因素。

在中国，借由译本和影视作品的传播，东野圭吾成为畅销作家。相较于本土推理小说，东野圭吾对于作品本身倾注心血，特别是在主题设置、创作态度、推理方式等方面，更是独树一帜。

首先，在主题设置方面，东野圭吾摒弃离奇的超人情节，更关注普通人的现实生活。其次，在创作态度方面，他跳脱了“为推理而推理，为诡计而诡计”的窠臼，更关注人性和社会问题。《白夜行》和《嫌疑人 X 的献身》就是反映社会现实的经典之作。最后，在推理方式方面，与传统的托梦、经验判断不同，他更注重实证和逻辑思维。

图 2　南海出版公司 2016 年 6 月发行的东野圭吾小说《嫌疑人 X 的献身》中文版封面

除了作品本身的魅力外，中国社会所处的发展阶段也是作品广泛传播的重要因素。首先，经济发展因素。全世界推理小说的高潮都是经济最发达的时期。其次，城市化进程因素。侦探推理小说是城市文学的代表，中国城市化进程不断加快，为推理小说的茁壮成长提供了肥沃的土壤。最后，民众法律意识增强。侦探推理小说是典型的法律文学，法律体系的完善和人民法律意识的增强对推理小说的繁荣有着重要影响。

东野圭吾的推理小说不仅反映日本社会现实，更是中国社会的提前反观，对于中日文化交流具有启示作用。以上对东野圭吾与日本传统推理小说、推理小说的创作阶段及主题、风靡中日两国的原因做了简单介绍。希望以此为契机，帮助中国读者真正走入东野圭吾的推理世界。

重点词汇

【江户川乱步】

日语：江戸川乱歩　（えどがわ　らんぽ）

1894 年 10 月 21 日—1965 年 7 月 28 日，本名平井太郎，是日本最负盛名的推理作家、评论家，被誉为日本“侦探推理小说之父”，也是日本推理“本格派”的创始人，与松本清张、横沟正史并称为“日本推理文坛三大高峰”。代表作有《心理测验》《D 坡杀人事件》《人间椅子》等。

【松本清张】

日语：松本清張　（まつもと　せいちょう）

Seicho Matsumoto，1909 年 12 月 21 日—1992 年 8 月 4 日，日本推理小说作家。1950 年开始创作生涯，曾经获得芥川龙之介奖等多个奖项。代表作有《点与线》《谋杀情人的画家》等。

【江户川乱步奖】

日语：江戸川乱歩賞　（えどがわ　らんぽしょう）

1954 年为庆祝日本推理小说大师江户川乱步六十岁寿辰而设立的奖项，从 1955 年开始第一届，以后每年一届。前两回获奖的都是推理小说的专题研究，从 1957 年的第三届开始成为专门鼓励新人作家的奖项，是日本推理小说的最高荣誉。

【直木奖】

日语：直木賞　（なおきしょう）

又称“直木三十五賞”，由文艺春秋社的创办人菊池宽为纪念友人直木三十五，于 1935

年（昭和 10 年）与芥川龙之介奖同时设立的文学奖项。每年颁发两次，得奖对象以大众文学的中坚作家为主。

【变格派】

日语：变格派　(へんかくは)

推理文学中的一种流派。这类流派注重描写变态心理，内容大都阴森恐怖，荒诞不经，手法夸张。由此来描绘人性世间的黑暗，或是表述作者内心的梦魇。代表作家有梦野久作等。

【社会派】

日语：社会派　(しゃかいは)

于 20 世纪 50 年代由松本清张开创的一种推理小说流派。社会派惯于把破案的情节放在广阔的社会背景（尤其是第二次世界大战）中展开，深入罪犯的精神世界，探索杀人犯罪的社会原因，揭示社会矛盾和黑暗现象，批判战争的邪恶。代表作家有松本清张、新社会派代表作家有森村诚一。

【新本格派】

日语：新本格派　(しんほんかくは)

20 世纪 80 年代末，在岛田庄司的指引和支持下，兴起了“新本格派”，指在完全虚构的故事中，以虚构的作品内部的现实为前提，追求“谜团”“逻辑”以及“富有意外性的解谜”趣味的推理小说。代表作家有岛田庄司、绫辻行人。

【失去的十年】

日语：失われた十年　　英文：The lost decade

指一个国家或地区陷入长期的经济不景气的状况持续达十年左右才逐渐转好的情况。一般多指日本在泡沫经济崩溃后自 1991 年开始到 2000 年代初期的长期经济不景气。

专栏

日本推理小说的发展历程

日本推理小说起源于 19 世纪 90 年代。明治维新开始后，西方文化也传入日本，这里面也包括推理文学。日本通过翻译国外的推理小说，第一次接触到这种新的文学形式。在随后的三十多年里，大量的日本作家都在不断地模仿国外的推理小说进行创作，虽然推理小说在日本得到了一定的发展，但并没有形成本土的推理文学。

直到 1923 年，江户川乱步发表了《两分铜币》，开启了日本推理文学的大门，日本推理文学正式进入了第一个时代——本格派时代。第二次世界大战后，横沟正史将本格推理推上了极致。他开创了解谜与推理相结合的侦探小说，将逻辑与浪漫情趣融为一体。20 世纪 50 年代末，人们厌倦了本格派的公式化模式，单一的题材、套路化的故事情节已经无法满足时代的需求。在本格派逐渐走下坡路之时，松本清张的“社会派推理”应运而生。社会派将日本推理文学从原本简单的通俗文学提升到了文学的高雅殿堂。社会派主张注重现实性，带有浓厚的批判现实主义色彩。20 世纪 80 年代，社会派推理逐渐没落，日本推理文学再次陷入低谷。岛田庄司代表的新本格派打破社会派推理的沉重，登上历史舞台。他凭借《占星术杀人魔法》《斜屋犯罪》《魔神的游戏》等作品，风格自成一脉，成为日本新本格推理的大师。新本格推理与传统本格推理相比，继承了传统本格推理注重解密推理的特点。同时又推陈出新，打破传统推理小说的框架，以天马行空的想象力想象出与众不同的手法著称。

20 世纪近 90 年代，东野圭吾凭借《放学后》出道，创造了属于自己的“东野流”风格。他将小说的重点放在刻画人物的性格和这种性格之下的行为，把焦点放在动机上，用更多的笔墨来探讨人性的善恶，成为了推理届的集大成者。推理文学在日本发生了翻天覆地的变化，从最开始的借鉴模仿欧美西方小说开始，发展到现在走出一条属于自己的独特的道路，这不仅是文学的发展，也反映出日本时代的变化。

（来源：《看唐探 3 致敬日本本格推理——浅谈日本推理小说发展史》）

思政小知识

东野圭吾作品中的家庭与社会

东野圭吾的作品内涵丰富，涉及多种主题。其中，家庭与社会是其作品中经常论及的话题。无论是《红手指》中描写的众多家庭关系，还是《麒麟之翼》中谈及的老人问题，亦或是《信》中通过犯罪家属的生活现状反映的社会歧视问题。《白夜行》和《嫌疑人 X 的献身》更是反映社会现实的经典之作。东野圭吾从道德与法律、社会伦理等多元视角出发，探究了各类问题，唤起读者对社会现实的思考。

在这些作品中，东野圭吾多用日常生活中发生的案件来反映社会现实，传递着他对世间冷暖的看法。作品中描绘的家族形式以及青少年犯罪，都让人们不禁思考爱的表达、健全人格的养成等现实问题。结合作品的阅读，更引发读者对现实环境及本国文化语境进行深入思考，这对树立正确的价值观有所裨益。同时，也有利于健全完善自身的人格。

练习题

一、选择题

1. 属于东野圭吾创作的第一时期（酝酿期）的作品是（　　）。
   A.《放学后》　　B.《宿命》
   C.《名侦探的守则》　　D.《幻夜》
2. 属于东野圭吾创作的第二时期（成熟期）的作品是（　　）。
   A.《名侦探的诅咒》　　B.《放学后》
   C.《白夜行》　　D.《恶意》
3. 东野圭吾的作品中，关注科学的滥用与惩罚的是（　　）。
   A.《嫌疑人 X 的献身》　　B.《红手指》
   C.《以眨眼干杯》　　D.《分身》
4. 属于社会派的作家是（　　）。
   A. 江户川乱步　　B. 岛田庄司
   C. 松本清张　　D. 连城三纪彦
5. 下列东野圭吾的作品中，重点不在关注家庭问题的是（　　）。
   A.《白夜行》　　B.《红手指》
   C.《解忧杂货铺》　　D.《麒麟之翼》
6. 江户川乱步的作品有（　　）。（多选题）
   A.《点与线》　　B.《恶魔》
   C.《孤岛之鬼》　　D.《人间椅子》
7. 下列属于英国侦探小说代表作的是（　　）。（多选题）
   A.《东方快车谋杀案》　　B.《福尔摩斯探案集》
   C.《尼罗河谋杀案》　　D.《莫尔格街谋杀案》
8. 使东野圭吾实现“三冠王”的作品是（　　）。（多选题）
   A.《放学后》　　B.《信》
   C.《秘密》　　D.《嫌疑人 X 的献身》

二、判断题

1. 侦探小说的发展经过了英国侦探小说、美国侦探小说、日本推理小说三个阶段。（　　）
2.《彷徨之刃》是注重塑造女性形象的作品之一。（　　）

三、思考题

1. 你了解东野圭吾的作品吗？是通过哪种方式接触到的？
2. 你认为东野圭吾的作品在中国被广泛阅读的原因是什么？
3. 与其他推理小说家相比，东野圭吾小说的独特魅力在何处？

第三课　日本的垃圾分类

随着《上海市生活垃圾管理条例》的正式实施，中国也开始推广垃圾分类。与我国的尝试性阶段相比，邻国日本已经进入相对成熟的阶段。本课就向同学们介绍一下日本近四十年来所积累的有关“垃圾”的智慧。

一、日本人的垃圾处理意识

日本街头的干净整洁要归功于日本人会把自己的垃圾带回家的好习惯。但是当下的日本人的垃圾意识，已经不满足于只把“自己的垃圾”带回家，他们甚至尝试将“别人的垃圾”“公共场所的垃圾”也带回家，形成了一种独特的垃圾意识。去过日本的人会在日本街头看到“垃圾请带回家”的提示语。日本街头的垃圾桶很少，仅部分公共场所，比如便利店的门口等设有垃圾桶。其它地方都是日本人依靠高度的自觉性，大力践行着垃圾自带回家的准则来保持整洁的。

图 1　日本的街头（王国强拍摄）

日本人以“会场带回垃圾”而闻名，他们会带着垃圾袋去看比赛，这一点让很多国家与地区的人们纷纷效仿。此外，户外回收垃圾行动在日本更是深入人心，经常可以见到集体回收垃圾的志愿活动。如今，在日本垃圾分类几乎就是一项必备的生活技能。无论公共场所还是公司家庭，包括在日本的外国人都需要进行细致的垃圾分类。可燃垃圾、玻璃瓶、易拉罐和纸箱都要按照相关规定进行分类，其细致程度远超世界各国人民的想象。

二、昔日垃圾围城的日本

昔日的日本也曾垃圾围城，人人深受其害。1955 年起，日本进入经济高速增长时期，经济体量和垃圾量同步爆炸，大量的垃圾把日本城市变成了“肮脏都市”，那时候的城市景观与今天无法相提并论。20 世纪中期，垃圾的主要处理方式就是填埋法与焚烧法。然而，日本经济高速发展时，针对大量不可燃垃圾的填埋问题，曾经爆发过持续八年的“垃圾战争”。当时堆积的垃圾未得到及时处理，东京的垃圾填埋场“梦之岛”就发生过严重的蝇害。受国土面积限制，填埋法的可操作性毕竟有限，更多的方式是建立焚烧场。但是，大量固体废弃物经焚烧后，又会导致大气中的二噁英含量严重超标，导致环境污染。20 世纪 70 年代的第 64 次日本临时国会甚至被称为“公害国会”。

1970 年，日本教育学家高桥敷教授曾撰写《丑陋的日本人》一书，历数日本人“乱丢垃圾、随地小便、从不排队”等不文明行为。

图 2　日本的地铁站（王国强拍摄）

1973 年 10 月开始，为抗议垃圾问题，沼津市居民开始了长达五百天的“垃圾战争”，这一行为也拉开了日本“垃圾分类”的序幕。1974 年 7 月，沼津市清洁工和志愿者号召开展垃圾分类工作，针对可资源化垃圾进行再回收处理。1975 年 4 月，沼津全市范围内开始实施新的分类方法，即可燃、不燃和“资源垃圾”，形成了“沼津模式”的垃圾分类方式。

随着“沼津模式”的全国推广，日本政府同时期出台了大量相关的垃圾分类保障政策。大约耗时三十年，日本基本奠定了环保立国的根基，初步形成了垃圾循环再利用型社会。

三、日本垃圾分类的基本方式

与我国的垃圾分类还处在起步阶段相比，日本垃圾分类与处理技术已达到国际先进水平。在多年的实践中，形成了以国民为主体的社会全方位参与的垃圾分类管理机制。

日本的垃圾大致可分为三大类，即工业垃圾、生活垃圾及有毒有害垃圾。其中，生活垃圾基本上分为可燃垃圾、不可燃垃圾、资源型垃圾、大型垃圾共四类，根据各个自治体的情况又细化为6～60个小类。

可燃垃圾，一般包括厨余垃圾、纸屑、衣服类、少量的树木枝叶、部分塑料制品、橡胶制品、皮革制品等。以家庭为单位，每次可丢弃的量不得超过45升，每周可丢弃两次。

不可燃垃圾为金属类、玻璃制品、陶瓷器、干电池、部分符合规定的打火机、铝制品、雨伞、用于饮食以外的容器瓶和30厘米以下的家电制品等。一个家庭每次的可丢弃量不得超过45升，隔周丢弃一次。

资源型垃圾一般包括盛放冷饮、酒类、调料等的塑料软瓶、食品托盘、旧纸类、瓶子、罐头等，每周可丢弃一次。

大型垃圾一般指超过30厘米见方的物品，如煤气取暖器、家具、寝具、自行车等。大型垃圾的回收需要缴纳相应的费用，例如扔自行车要缴纳五百日元，相当于人民币三十元。

在此列举一个扔牛奶盒的例子，以感受一下日本垃圾分类的细致程度。扔牛奶盒时，需要将塑料盖子拧下来单独扔，盒子需要沿线剪开，再拿清水冲洗干净，平铺晒干，等积攒到一定量的时候才可丢弃。如果是易拉罐的话，则需要先冲洗再踩扁，同时，塑料标签、瓶盖要单独分类装入指定垃圾袋内才可丢弃。

日本公共场所的垃圾桶设有可燃、不可燃、塑料瓶、易拉罐、纸类等，下半部分透明的设计方便人们准确分类投放。报纸的投放口设计成扁平状，瓶罐的投放口则是圆形。

而且，在日本，如果不按照规定丢弃垃圾，不仅会遭受到邻居的白眼，还会受到法律的相应处罚，其处罚程度非常严厉。

四、日本的全民环保理念

垃圾经分类处理后会变废为宝，有的用于火力发电，有的用来建设蒸汽游泳池，从垃圾里提取金属成为原材料，最后剩下来的建筑垃圾等用来铺路和填海。垃圾回收只是日本作为环保大国的一个缩影。在日本，政府、企事业单位和个人都在积极参与国家的环保事业，形成了全民环保的浓厚氛围。

这种环保理念是从儿童抓起的，日本会定期发布面向儿童的环保白皮书，“3R 理念”（Reduce、Reuse、Recycle）也会普及给儿童。儿童自幼就开始学习并参与垃圾分类等环保活动。

图 3　日本民居干净的门外（王国强拍摄）

最后介绍一下“零废弃”（Zero Waste）理念。“零废弃”发源于 20 世纪 90 年代的澳大利亚，是指将垃圾作为原材料加以利用，实现最大化的生活垃圾循环再利用。德岛县上胜町为日本首个发布“零废弃”宣言的城市，他们希望 2020 年实现真正意义上的“零废弃”城市。上胜町政府与市民团结一致，力争将垃圾的焚烧与填埋彻底消灭。

为了减少塑料的使用，日本的可口可乐公司一直在积极探索饮料瓶的轻量化。东京奥运会的五千块奥运奖牌都是通过回收小型家电完成的制作。按照 2017 年日本环境白皮书的设想，日本还在致力于地域环境共生圈与低碳社会的构建。

环境问题事关每个人，日本耗时三十年走上的环保之路，希望中国也可以通过全民参与的形式早日实现。

重点词汇

【东京垃圾战争】

日语：東京ゴミ戦争　（とうきょうごみせんそう）

这是一起爆发于日本东京都地区围绕着垃圾处理问题的抗议事件，指 20 世纪 50 年代后半期至 20 世纪 70 年代，发生于江东区和杉并区的垃圾处理风波。1971 年 9 月 28 日，时任东京都知事的美浓部亮吉在都议会发表《垃圾战争宣言》，“垃圾战争”一词由此引起社会关注。

【3R】

循环经济要求以“3R 原则”为经济活动的行为准则。3R 原则（the rules of 3R）具体指的是减量化（reduce）、再利用（reuse）和再循环（recycle）三大原则。近些年来，随着科技的进步，循环经济的“3R”也演变成了“4R”，即 Reduce（减量）、Reuse（复用）、Recycle（再生）和 Recovery（能源回收）。

【零废弃】

日语：ゼロウェイスト　（英语：Zero Waste）

零废弃指的是以不产出垃圾为目标，尽可能减少废弃物的环保理念。零废弃生活的核心概念为简化生活，不过度浪费、只消费必需品、减少垃圾产生及减少回收，可通过减少或不使用/不购买一次性产品，交换、购买及使用二手物品，天然取材，自制等各种方式，实践零废弃生活，进而达到可持续发展及环境保护的目标。

【环保立国】

日语：環境立国　（かんきょうりっこく）

2007 年 6 月 1 日，日本内阁经济财政咨询会议正式审议通过 21 世纪环境立国战略特别部会的建议，公布了《21 世纪环境立国战略》。日本环保立国的目标是：创造性地建立可持续发展的社会，即建立一个“低碳化社会”“循环型社会”和“与自然共生的社会”，并形成能够向世界传播的“日本模式”，为世界做贡献。

【地域循环共生圈】

日语：地域循環共生圏　（ちいきじゅんかんきょうせいけん）

2018 年 4 月，日本内阁会议决定了第五次环境基本计划，其中倡导建立“地域循环共生圈”。这一概念指的是各地区在最大限度地利用各自的地域资源的同时，形成自立、分散型的社会，根据地域的特性补充资源并相互支持，以最大限度地发挥地域的活力为目标，通过创造“地域循环共生圈”，构建可持续的循环共生型社会。

专栏

日本的垃圾减量化

日本的垃圾分类十分严格，路上也很少看到垃圾桶，干净整洁的马路似乎成了日本的一个国家形象标签。然而，日本也曾饱受垃圾问题的困扰。从 20 世纪 80 年代开始，日本就开始实行垃圾分类，但“泡沫经济”的到来使得垃圾数量和种类剧增，人均垃圾产量逐年提高，垃圾资源化比例在 20 世纪 80 年代期间并没有太大的提升，直到进入 21 世纪，日本垃圾分类的效果才开始体现，垃圾资源化比例保持在 19%左右。

为什么会发生这样的转变呢？核心原因在于垃圾收费制度的大规模实施。2000 年以后，实施垃圾收费的自治体不断增多，根据《日本生活垃圾收费实施情况及其效果》数据显示，1990 年—1999 年间，日本新增垃圾收费城市为 98 个，而 2000 年—2015 年间，该数据已达到了 316 个。

日本常见的垃圾收费类型有五种，分别为：单一计量收费制、累进计量收费制、定量免费制、补助组合收费制和定额收费制。单一计量收费制相对简单，也不用担心垃圾产生量，费用也比其他类型更加便宜。日本 94%的城市都选择单一计量收费制。

垃圾收费方式主要包括指定垃圾袋和垃圾处理票。其中，指定垃圾袋（40—50L 容量）的单价以 30—49 日元（按照 2022 年 4 月汇率，1.52—2.48 元人民币）居多，占总数的 44%。另一方面，根据一项调查结果显示，截至 2015 年 4 月，日本全国 1 741 个市、町、村中实施垃圾收费的共有 1 094 个，垃圾收费全国平均比例为 62.8%。一个有趣的现象是，城市收费率较低，仅为 56.2%，其次为村，为 65%。町收费率最高，为 69.5%。

垃圾收费提高了居民的垃圾减量意识和环保意识，有利于垃圾减量。当然，日本的垃圾分类并不是某个政策或者短期努力的结果，严格的垃圾分类制度、完善的法律制度保障、普及宣传以及可持续发展理念的推广等都推动了这个进程，这对我国加速推行垃圾分类制度和建成垃圾分类处理系统有一定的参考借鉴意义。

思政小知识

“合理处理垃圾，变废为宝，低碳环保”的理念应当是每一位同学都应当树立的垃圾处理意识，我们要在生活中争当环境保护小卫士，用自己的行为带动身边的人一起行动，为环境保护尽一份力。深刻理解生态环保的理论，树立我为人人，人人为我的理念。

垃圾围城的历史在每一个国家都是触目惊心的。习近平总书记提出了“人类命运共同体”的重要理念。人类的命运首先立足于生态环保之上，合理的生态环保理念之下承载着人类共同的命运。

一个国家或地区对生态环境资源的使用往往会影响各国人民的福祉。臭氧层破坏、气候变暖、生物多样性剧减、持久性有机污染物全球性输送，全球生态环境危机是人类命运共同体面临的首要挑战，各国必须共同参与治理。任何一个国家、地区都无法单独完成如此巨大的全球环境治理工作，必须且只能以人类命运共同体为载体来解决。

练习题

一、选择题

1. 在日本，大型垃圾一般指超过（　　）厘米见方的垃圾？

A. 20　　B. 30

C. 40　　D. 50

2. 1975 年 4 月，（　　）全市范围内开始实施新的分类方法、即可燃、不燃和资源垃圾，形成了“（　　）模式”的垃圾分类方式。

A. 东京　　B. 沼津

C. 大阪　　D. 金泽

3. 关于垃圾收费，日本 94%的城市都选择（　　）收费制。

A. 累进计量　　B. 定额

C. 单一计量　　D. 补助组合

4. 以下哪个选项不属于 3R 理念？（　　）

A. 减量化　　B. 重新制造

C. 再使用　　D. 循环利用

5. 日本首个发布“零废弃”宣言的城市是？（　　）

A. 德岛县上胜町　　B. 沼津市

C. 东京都　　D. 大阪府

6. 日本的垃圾大致可分为哪几大类？（　　）（多选题）

A. 产业垃圾　　B. 不可回收垃圾

C. 生活垃圾　　D. 有毒有害垃圾

7. 以下哪些物品属于不可燃垃圾？（　　）（多选题）

A. 酒类　　B. 雨伞

C. 干电池　　D. 塑料瓶

8. 日本生活垃圾基本分为以下哪几类？（　　）（多选题）

A. 可燃垃圾　　B. 不可燃垃圾

C. 资源性垃圾　　D. 大型垃圾

二、判断题

1. 20 世纪 70 年代的第 64 次日本临时国会被称为“公害国会”。（　　）

2. “零废弃”（Zero Waste）理念发源于 20 世纪 90 年代的日本。（　　）

三、思考题

1. 如何看待“零废弃”宣言？

2. 调查日本地域循环共生圈以及低碳社会的构想。

3. 思考国内垃圾回收的现状以及未来的发展方向。

第四课　日本的工匠精神

一、日本工匠精神概况

很多人对日本制造的产品都有一个印象，那就是质量很好。前几年中国游客赴日旅游时的现象级“爆买”正好体现了这一点。日本很多产品在全球都占有很大的市场份额，尤其是相机等电子产品。同时日本长寿企业数量之多，也备受世界瞩目。例如，商业历史长达两百年以上的企业，日本有 3 146 家，居全球首位，且数量约是第二名——德国的三倍。

但是，现在被视为质量之保障的“MADE IN JAPAN”，早在第二次世界大战后的一段时间里，却因质量问题变成了“便宜无好货”（“安かろう、悪かろう”）的代名词。而日本制造领域之所以能够在后来提升质量、扭转局面，与日本大力提倡和发展工匠精神有着密切的关系。

二、何谓工匠

在日语里，等同于汉语的“工匠”一词，写作“職人”（しょくにん）。还有一个专门形容工匠气质的词叫“職人気質”（しょくにんかたぎ），指工匠身上特有的一种气质，即不断磨炼技能，勤奋向上的姿态，以及一心一意钻研事物的强韧精神。

图 1　中国倡导工匠精神（朱琳拍摄于北京科技大学附近）

其实我国这几年也在大力提倡工匠精神，2016 年的《政府工作报告》中明确提出，“鼓励企业开展个性化定制、柔性化生产，培育精益求精的工匠精神，增品种、提品质、创品牌。”中国历史上的能工巧匠也是层出不穷。历史上有春秋时期建筑鼻祖鲁班这样的工匠代表，现如今在故宫修文物的师傅们个个堪称大师级工匠。2015 年央视纪录片《大国工匠》也介绍了不少拥有顶尖技艺的一线劳动者。但中国的工匠精神还需要进一步培养，社会尚需要更多的出色工匠。

三、日本工匠精神的影响因素

日本的工匠精神在培育过程中牵涉到社会的各个层面。简要说来，政府层面出台鼓励和引导政策，发展职业教育；行业协会促进业内的研讨、交流；企业等用人单位有“终身雇佣制”和员工培训等制度性保障；在文化层面则形成了整个社会尊敬工匠精神的良好氛围。

下面逐一分析各个层面对工匠精神的促进作用：

第一，政府的制度激励。日本政府设立有“人间国宝制度”“现代名工制度”和“日本造物大奖”等评审制度，评选出不同层面的工匠大师进行奖励，用以推动全国工匠对技术的精益求精。“名誉”和“奖励”增强了工匠的信心和自豪感。“人间国宝制度”设立于 1954 年，评选对象包括工匠、艺人等。被选定为“人间国宝”的工匠每年可以获得二百万日元的经济支持。“现代名工制度”设立于 1967 年，认定人数比“人间国宝”要多一些。“日本造物大奖”表彰的是活跃在生产一线，切实传承造物技术的工匠，该奖项的目的在于突显能够灵活应对制造业的环境变化，创造新型附加值的人才，以带动日本整个制造行业的发展。

第二，行业协会的作用。行业协会主要促进行业内的交流和发展，日本有非常多的行业协会，其在促进工匠精神提升方面起着重要的作用。举一个日本工艺会的例子。日本工艺会的目的是保护、培育非物质文化财产，加强传统工艺家之间的相互联络，资助技术的磨炼与提升，探究传统工艺的精髓，促进技术的保存、应用及发展等。日本著名美学家柳宗悦认为，“所谓工艺，指的就是实用品，它和美术完全不同。比如绘画是为了视觉而创造的艺术品，和服或者桌子是为了使用而创造的工艺品。”这里强调了工艺品的实用性。日本最大型的艺术展览之一——“日本美术展览会”的五个展览项目之一就有工艺美术。这种做法起到了推动日本匠人精神得以延续并使民间艺术得以发扬光大的作用。

第三，企业的作用。企业等用人单位也为工匠的成长和发展提供了制度性保障。日本很多企业长期实行的“终身雇佣制”和“年功序列制”，为工匠类技术人员提供了稳定的工作环境及保障。此外，用人单位的新人培训、师徒传承等相对完善的培训机制也非常有利于工匠的培养。值得一提的是，日本的很多工匠类技术行业的收入能居于全国各行业的前五十，有竞争力的薪酬待遇是工匠安于本职工作、精益求精的经济保障。我们列举一个日本企业培养工匠的例子。创办于 1971 年的秋山木工有限公司生产的订制家具风靡日本。秋山木工认为，决定 21 世纪工匠水平的要素中技术水平只占 40%，而人格则占到 60%。该企业有一套独特的育人法则，叫做匠人须知三十条（職人心得三十個条）。通览这三十条，可以看出这是在力求使人变得开朗乐观、自信执着，懂得待人接物，善于为别人着想，可以说是对人格的一种重塑。

第四，文化层面的作用。有人说，日本手艺人阶层的出现使得工匠精神开始萌芽、发展。一来是因为江户时代，手艺人身份都是世袭的，阶层的固化使每个阶层的人安于现状，以把自己分内的事情做好作为实现人生价值的方式；还有种说法是，日本手艺人在当时并不受重视，他们暗含一股较劲的心理，希望以高超的技艺震撼对方，因此他们对自己的手艺有一种近似于自负的自尊。这不禁让人想起了日本著名作家幸田露伴的小说《五重塔》，其主人公是一名叫做十兵卫的工匠，他痴迷于自身的技术，排除重重困难一心造塔，最后终于造出了禁得起暴风雨考验的完美五重塔。除了文学作品的宣传作用，日本工匠精神的熏陶和传承与日本人注重细节、追求完美、热衷钻研的性格特点也有着密切的关系。

此外，日本工匠在传承技艺的同时，为适应市场变化也积极进行改革创新。例如，随着现代日本人的衣着和生活方式的变化，和伞的使用越来越少，相应的市场需求也随之变少。传统和伞制造商日吉屋就利用制作和伞的精湛技艺制造了美丽的和风灯具，色泽和质地均属上乘。这种灯具可以像伞一样收放，堪称匠心独具。

图 2 《工匠精神——日本家族企业的长寿基因》封面

上述从政府、行业、企业、文化这四个层面分析了日本工匠精神的形成原因。可见日本工匠精神的形成与社会的各个层面有着密切关系，相信这对于中国的工匠精神发展也会有所启发。

重点词汇

【工匠精神】

日语：匠の精神　（たくみのせいしん）

“工匠”在日语中叫做“職人（しょくにん）”,“工匠精神”指工匠对自己的产品精雕细琢、精益求精的精神理念。在日本，专门形容工匠气质的词叫“職人気質”（しょくにんかたぎ），指工匠身上特有的一心一意钻研事物的执着精神。

【人间国宝】

日语：人間国宝　（にんげんこくほう）

日本文部科学大臣依据《文化财产保护法》第 71 条第 2 项所指定的“重要无形文化财产拥有人”的通称。《文化财产保护法》中并未出现“人间国宝”一词，但其被广泛用于称呼“重要无形文化财产传承人”。

【现代名工】

日语：現代の名工　（げんだいのめいこう）

日本厚生劳动大臣依据“技能卓越者表彰制度”所表彰的技能卓越者的通称。“技能卓越者表彰制度”设立于 1967 年，受表彰者会被授予奖状、卓越技能章（奖牌和徽章）和奖金（十万日元）。

【日本造物大奖】

日语：ものづくり日本大賞　（ものづくりにほんたいしょう）

指为继承和发展日本产业及文化的“造物”精神，表彰活跃在“造物”一线的优秀人才的专门奖项。该奖项设立于 2005 年，由日本经济产业省、文部科学省等政府部门发起。

【日本工艺会】

日语：日本工芸会　（にほんこうげいかい）

以“重要无形文化财产拥有人”（即人间国宝）为中心组成的团体，正式会员约有 1 200 人。

【秋山利辉】

日语：秋山利輝　（あきやまとしてる）

1943 年出生于日本奈良县，于 1971 年成立秋山木工有限公司。秋山木工有限公司的订制家具常见于日本宫内厅、迎宾馆、国会议事堂、知名饭店等。

专栏

唯美的传统手工艺：日本和伞

对绝大多数人来说，雨伞能遮风避雨就行。但和伞不仅是遮雨工具，更是融合了顶级传统工艺技术的艺术品。日本匠人精益求精的精神在和伞的制作上体现得淋漓尽致。

和伞的历史

据说，和伞是在平安时代前后由中国传入日本的。从平安时代的绘卷中可以看到伞的出现，但当时的伞的形状和现在不太一样。用途也并非遮雨，而是作为一种权威的象征，给身居高位的人用来遮阳、避邪。到了江户时代中期，随着制造技术和效率的提升，伞开始普及。江户时代的浮世绘中也经常出现庶民撑着伞的场景。但在此之前，普通庶民是买不起伞的，只能用斗笠与蓑衣来避雨。随着日本城市化进程的发展和庶民文化的兴盛，和伞除日常使用外，还作为时尚道具逐渐被大众所接受。歌舞伎、茶道等日本传统文化中也经常用到和伞。

和伞和洋伞的区别

洋伞与和伞的材料及构造大相径庭。在材料方面，洋伞主要使用塑料、涤纶、钢铁等材料。而和伞则主要使用纸、竹子、木材等天然材料。在构造方面，洋伞的伞骨通常有八根，而和伞的伞骨则有 30～70 根。这是因为洋伞通过钢丝的张力将伞布由内向外撑开，而和伞需由很多细长的竹伞骨将和纸支撑起来。

和伞的种类

和伞主要分为三种：番伞、蛇目伞、舞伞。番伞与蛇目伞同属雨伞，为保证防水性，人们在和纸表面涂上一层油。番伞诞生于江户时代，其伞柄、伞骨都由结实的粗竹子制成，深受庶民喜爱。蛇目伞的伞柄为木棒，手持部分还缠绕有藤条。其名称由来是因为伞面上有一圈白色的条带，好似蛇的眼睛。舞伞属于遮阳伞，因为无需防水，所以和纸上不会涂油，这样能使和纸的色泽艳丽发挥到极致。舞妓艺妓表演和伞舞蹈时，经常会使用此伞。

思政小知识

文洁若是中国翻译日文作品字数最多的翻译家。文洁若在日本的小学就读时，日语水平就已媲美母语，并在父亲的影响下立志成为一名翻译家。从清华大学英文专业毕业后，文若洁在人民文学出版社工作，参与编译了大量作品。据统计，在长达半个多世纪的时间里，她先后翻译了十四部长篇小说、十八部中篇小说和一百多篇短篇小说，共计八百余万字。日本的井上靖、川端康成、水上勉、三岛由纪夫等人的作品都是由她翻译介绍给中国读者的。

“种一棵树最好的时间是十年前，其次是现在。”虽然是一位已经退休三十多年的译者，文若洁仍然每天坚持翻译工作。由于不会使用电脑，她至今仍然保留传统的手写方式，甚至因为长年握笔食指已经弯曲变形，修改时也只能剪下指甲盖大的白纸片贴在原处。虽然已经 94 岁高龄，文洁若仍一心一意地将全部的精力投入自己热爱的翻译事业，即使缓慢，但却始终精雕细琢。伏案的背影夙夜不怠，这未尝不是一种工匠精神。

（附注：参考了《文洁若：93 岁，独自老去》一文的相关内容）

练习题

一、选择题

1. 秋山木工认为决定 21 世纪工匠水平的要素中，技术水平所占比例为（　　）。

A. 80%　　B. 40%

C. 50%　　D. 60%

2. 以下哪个国家拥有数量最多的历史长达两百年以上的长寿企业？（　　）

A. 德国　　B. 荷兰

C. 日本　　D. 法国

3. 在日本，被选定为“人间国宝”的工匠每年可以获得（　　）日元的经济支持。

A. 二百万　　B. 三百万

C. 四百万　　D. 五百万

4. “所谓工艺，指的就是实用品，它和美术完全不同。比如绘画是为了视觉而创造的艺术品，和服或者桌子是为了使用而创造的工艺品”。这一观点强调了工艺品的（　　）。

A. 艺术性　　B. 观赏性

C. 色彩性　　D. 实用性

5.“日吉屋”利用制作（　　）的精湛技艺制造了美丽的和风灯具。
   A. 和纸　　B. 和伞
   C. 折扇　　D. 灯笼
6. 日本的工匠精神在养成过程中牵涉到社会的哪些层面？（　　）（多选题）
   A. 社会文化　　B. 企业
   C. 政府　　D. 行业协会
7. 以下人物中，属于中国历史上的能工巧匠的是（　　）。（多选题）
   A. 鲁班　　B. 蔡伦
   C. 张衡　　D. 黄道婆
8. 日本企业实行的哪种制度为工匠类技术人员提供了稳定的工作环境及保障（　　）。（多选题）
   A. 同工同酬制　　B. 终身雇佣制
   C. 年功序列制　　D. 集体决策制

二、判断题

1. 日本制造（MADE IN JAPAN）一直都代表着产品质量有保障。（　　）
2. 日本最大型的艺术展览之一——“日本美术展览会”的五个展览项目中包括工艺美术。（　　）

三、思考题

1. 请论述日本工匠精神的传承及其原因。
2. 请论述中日对规则、技术等的理解有哪些不同。
3. 请对中国工匠精神与日本工匠精神进行对比并分析原因。

第五课　日本的色彩文化

一、色彩观念

2019 年，日本从平成时代跨入了令和时代。“令和”出自《万叶集》第 32 首，“初春令月，气淑风和，梅披镜前之粉，兰薰珮后之香”。日本流行色协会挑选了梅、堇、樱这三种花卉的色彩来做令和时代的代表色，以期它们所象征的温暖、柔和能够长存。

日语中有个词语叫“十人十色”，指每个人都不同。我们每个人对颜色的感觉和喜好也不尽相同。不同的民族也为相同的颜色赋予了不同的含义。颜色的呈现受纬度、日光照射度、大气透明度等自然条件影响，另外也有人种的差异，比如黑色瞳孔的人种对颜色的敏感度最高。但这些只是程度的差异，人类看到什么颜色会血流加速，这种对颜色的生理反应是相同的。然而带来相同生理反应的颜色在不同的文化中却有着不同的角色和表情。

汉字“色”的起源是象形字，描述的是一上一下两个人。关于这两个人在做什么，说法不一。东方文化中，我们习惯用“色”去涵盖红尘俗世中的许许多多。大乘佛教的心经中说：色不异空，空不异色，色即是空，空即是色。

物理学家牛顿说，色彩就是光。白光，即太阳光线由各色光组成，由于折射率不同而分散，产生色带。除了眼睛能看到颜色，皮肤也可以感知颜色。看到或皮肤感知到红色，都会使人血流加速、血压上升。为什么带给人类相同生理反应的颜色会被不同国家、不同民族赋予不同的含义呢？这需要对色彩观念的形成有简单的了解。

以白色为例，白色象征纯洁无垢，善良与正义。日本神话中的神灵来到人间时，总是栖息在白色的意象之上，以白鹿、白鸟、白马等白色的动物形象出现。伊势神宫是白木所建，正月时装饰的绳子由白纸制作。除夕之夜，日本人观看红白歌会，传统的日式婚礼新娘要穿纯白的和服。色彩观念是人类对颜色产生的自然联想和审美意识。色彩观念的产生会受自然条件、历史文化等多种因素影响。

人类对颜色的感受，和纬度高低有关。居住在赤道附近的人们更喜欢明度和彩度较高的暖色。居住在北纬 35 度左右的人们，例如，东京的居民，更喜欢中明度、中彩度的颜色。

除了受自然条件的影响，色彩观念也会受到历史文化的影响。比如中国的阴阳五行说就对日本的色彩文化产生了很大的影响，男孩节时处处悬挂的鲤鱼旗上的五色飘带，相扑台上悬挂的穗子，怀石料理中的五色等。

二、日本古代与中世中的“色”

冠位十二阶制定于推古天皇十一年，圣德太子用颜色来表示官衔，划分阶级。以德为最高，其次是仁礼信义智，共六等。德，是最上位，为紫色。仁为青，礼为赤，信为黄，义为白，智为黑。

为什么最上位是紫色？这和紫色颜料的稀少性有直接关系。当时紫色需从紫草中提取，紫草稀少，提取难度大，所以价格极为昂贵，只有达官贵人才可以身着紫色，裹身其中。

三国时期来中国交流学习的日本人，对华夏文明很感兴趣，他们把吴服带回了日本。现在日本售卖和服所用织物的店还叫吴服屋。到了奈良时代，遣唐使带回了中国赠送的朝服，那便是和服的原型。

平安时代，十二单开始成为女性贵族的正装。现代日本皇室在登基、结婚等重大场合依旧穿这类服饰。十二单的颜色很有讲究，不同季节有不同的配色。平安时代的颜色，常根据四季植物、自然风景来命名，例如萌木色。萌木色是传统色彩中表现春天的代表颜色，是充满活力的青春的象征。镰仓时代的《平家物语》中描写了平家贵公子平敦盛，身穿萌木色铠甲的情景。

抚子。“大和抚子”用来比喻外表可爱内心坚强的日本女性。抚子花的花期长，在平安时代和服的组合色中，抚子是代表夏天的颜色。

桔梗色。桔梗是秋季七草之一，是传统色中青紫系颜色的代表色。宫泽贤治曾在多部作品中，用桔梗色来形容美丽的幻想空间。

藤色。被视为高贵的浪漫的颜色。在《枕草子》中，出现过用紫色和纸书写和歌，系上藤花赠送的浪漫情书。《源氏物语》中，出现了三位名字有“藤”的女子，其中最著名的就是主人公光源氏的初恋对象“藤壶宫”，作者紫式部本人也叫“藤式部”。

时光流转，中世的颜色又有了不一样的表情。中世的色彩，反映了日本一个很重要的美学思想—侘寂。

侘寂是日本三大审美意识之一，物哀、幽玄、侘寂。侘寂所描绘的通常是陋朴之美，残缺之美，老旧之美。侘的简洁中有质朴的美和韵，寂的静默中有生命力和时间的光泽。侘寂所表达的，是强调事物内在，经历时间考验的美。即使外表斑驳，褪色暗淡，也不会妨碍这种美，甚至，反而更添韵味的美。侘寂是沧桑斑驳中的岁月痕迹，是洗尽铅华后生命的沉淀。

中世时期的这种色彩美学，也体现在日式住宅和庭院上。传统日式住宅，讲究自然和谐，采光遵循尽量放大自然光源的原则，室内少见艳丽浮夸的装饰。在传统的日式住宅中，原木一直都是不可缺少的重要元素。原木色是一种极具生命力的色彩，质感天然，机理丰富，有着与生俱来的自然之美。

说到庭园，不能不提枯山水。枯山水并没有水，它以山石和白砂为主体，象征自然界的各种景观。枯山水是日本脱胎于中国园林的延伸，是“一花一世界”的抽象理念的寺庙园林。白砂可以代表大川、海洋、云雾；石头可以寓意山和岛屿。看似单调的白砂上，有涟漪式、波浪式、漩涡式、回纹式的线条，从中可以感受到海，岛屿，云海，孤峰……于无水中幻想有水的世界。枯山水的颜色不过是白砂黑石，然而如同水墨画一般，焦浓重淡清，涵盖了大千世界的各种色彩。白砂黑石的组合，能产生水阔天长，青山永在的宏观意境。

三、近世的“色”

走过了古代、中世，到了近世，最值得一提的是江户时代。

江户中期，被称为豪商的富裕阶级登上历史舞台。随着整个社会经济水平的提高，庶民的生活也越来越好。到了后期，幕府颁布了“奢侈禁止令”，以杜绝奢靡之风，规定庶民只能穿茶色、鼠色、蓝色这三种颜色。对美有执着追求的江户人，并没有放弃。他们通过调整茶色与鼠色的微妙浓淡，创造了各种雅致细腻的茶色系鼠色系色彩，称作“四十八茶百鼠”。这里的 48 和 100 并非实数，意为变化无穷。“生而为人我很抱歉”的太宰治曾经提到鼠灰色，他说：“我本想这个冬日就死去的，可最近拿到一套鼠灰色细条纹的麻质和服，是适合夏天穿的和服。所以我还是活到夏天吧。”

茶道宗师千利休经常穿着鼠灰色，被称为利休鼠，这种灰色与墨色一样讲究“焦浓重淡清”，体现了禅意与侘寂的世界观。梅鼠、素鼠、鸠羽鼠，都是江户人喜欢做和服的颜色。除日常和服外，歌舞伎的演出服也受到了颜色限制，甚至还影响到了当时的浮世绘。在江户时代，文化产业蓬勃发展，歌舞伎演员非常受欢迎，他们身上衣物的颜色，如初代市川团十郎的团十郎茶，滨屋村二代目濑川菊之丞的路考茶，初代尾上菊五郎的梅幸茶，都被统称为“役者色”。

还有一些诞生于江户时代的传统色彩。例如，在染料瓶子里只浸染一次的浅浅的蓝色“瓶窥”；名字来源于昆布，因昆布的发音“こんぶ”在方言中被说成“こび”而得来名字的“媚茶”；朱鹮羽毛的颜色“鸨色”；蓼篮染成的在现代作为和服颜色依然有着很高人气的“纳户色”；诞生于江户时代的染色手法“曙染”常用到的像黎明时东方天空一样的“东云色”；还有江户紫。受《伊势物语》中和歌的影响，紫草成了武藏野的象征色。江户人染出了更加蓝的新紫色，自豪地以“江户紫”命名，又称“今紫”，以区别于古代的紫。紫色，在日本一直是浪漫的颜色。紫色在中国的色彩观念则是有好有坏，比较复杂。子曰：“恶紫之夺朱也。”

四、日本的色彩

《万叶集》中常常有描写色彩的和歌，这些和歌是对色的变化而发出的咏叹，既是具体的色彩，也是时代的色彩，甚至，是“色即是空”的色。

色彩总是随光线，随时间，不断在变化。早春时的嫩绿，会变成盛夏时的墨绿，秋天时的醉红。即便是一天之内，清晨、正午、夕阳下，色彩始终随着时间在改变。

颜色是光和影的使者，变幻着的光和影的表情。从中能看到的，不只是色彩，还有光阴。我们用绘画，画下这色彩；用摄影，拍下这色彩。捕捉这一瞬间的光和影，捕捉在生命里不停流逝的光阴，就像茶道花道里常谈到的一期一会。

重点词汇

【冠位十二阶】

日语：冠位十二階　(かんいじゅうにかい)

日本古代官制。公元 603 年，圣德太子实行根据功绩授予官位的制度。以德、仁、礼、信、义、智的顺序组成十二级官衔；各以浓淡两色的紫、青、赤、黄、白、黑六种颜色的冠帽来区分官位高低。

【十二单】

日语：十二単　(じゅうにひとえ)

又称女房装束或五衣唐衣，是日本公家女子传统服饰中最正式的一种。于平安时代的 10 世纪后开始被作为贵族女性的朝服。在现代社会中，是日本皇室女性在即位式、婚礼等正式庆典上的礼服。

【侘寂】

日语：侘び・寂び　(わび・さび)

侘寂是日语中“侘び”和“寂び”的组合。“侘”的核心是禅的思想；“寂”指的是老旧外表下充满岁月感的美。侘寂是日本美学思想的重要组成部分。

【物哀】

日语：物の哀れ　(もののあわれ)

物哀是日本江户时代的国学家本居宣长提出的文学理念。物是被感知的对象，哀是感知主体的情感，物哀是深深渗透于日本文学中的审美意识。

【枯山水】

日语：枯山水　(かれさんすい)

日本庭园样式之一。一般由细沙碎石和叠放有致的石头构成，是一种微缩式园林景观。枯山水并无水景，通常分别用砂石和石块来表现“水”和“山”。枯山水有浓郁的禅意色彩。

专栏

日本的色彩

日语中“色”字有几种不同的读法，“いろ、しょく、しき”。“しき”的读音被称为吴音，来源于六朝吴国方言。“しょく”的读音基于中国黄河中游的读法，由唐朝传入日本，被称为汉音。古代日语里的“颜色”一意曾用“匂（nioi）”一词来表示。当日本佛教真言宗创始人空海参悟《般若心经》的“色即是空，空即是色”，用日语47个假名创作出“伊呂波歌”时，佛教中的“颜色”（色 Shiki）便和日本独有的“颜色”（匂 nioi）被巧妙地编织在了一起。

日本是一个南北狭长的岛国，山地、平原、河流均有分布。各种各样的动植物随着四季变化，呈现出不同的面貌。为了分辨不同颜色的微妙区别，日本人为各种颜色起了许多美丽的名字。许多日本传统色彩的名字来源于动植物和四季的自然变化。

1	大徳/大德	Daitoku	大德（浓紫）
2	小徳/小德	Shōtoku	小德（薄紫）
3	大仁	Daijin	大仁（浓青）
4	小仁	Shōjin	小仁（薄青）
5	大礼/大禮	Dairei	大礼（浓赤）
6	小礼/小禮	Shōrei	小礼（薄赤）
7	大信	Daishin	大信（浓黄）
8	小信	Shōshin	小信（薄黄）
9	大義	Daigi	大义（浓白）
10	小義	Shōgi	小义（薄白）
11	大智	Daichi	大智（浓黑）
12	小智	Shōchi	小智（薄黑）

中国古代的五行学说对日本的色彩观念产生了很大的影响。圣德太子立定的“冠位十二阶”便是其中一例，以德、仁、礼、信、义、智排序组成十二级官衔，并以紫、青、赤、黄、白、黑六种颜色各分浓淡的冠帽来区分官位的高低，如右表所示。

日本的色彩文化研究离不开日本的自然风土和历史文化。感兴趣的同学也可以了解一下中国的色彩文化，相信也会有许多发现。

思政小知识

近年来，“马卡龙色系”“莫兰迪色系”火爆网络，得到许多年轻人的青睐。说起中国的传统颜色，你会想到什么颜色？许多人会联想到“大红”“大紫”，还有黄袍的黄色。什么是中国传统色？中国的传统颜色又有着怎样的寓意？

西周时，从五行中衍生出青、赤、黄、白、黑。周代这五色开始应用于服装领域。秦汉时期，皇室将黄色定为皇室专用色。到了唐代，不同领域对色彩的研发技术日益娴熟，出现了最具代表性的“唐三彩”“草木染”等。我们的祖先对色彩的命名也十分讲究，有“一色百名”的说法。颜色会根据不同朝代的历史文化，演变成各类含义。例如粉色在记载中被称为“绯”，又被称为“桃夭色”“杨妃色”“湘妃色”等。

中国的传统色彩诉说着独特的中国韵味。比如五行的青赤黄白黑。其中东方为“青”，南方为“赤”，西方为“白”，北方为“黑”，天地为“玄黄”。在历史的长河之中，“青”依旧承载着东方的含义，寓意对美好未来的期许。

中国传统文化丰富瑰丽，而传统色是解读传统文化的一把钥匙。

练习题

一、选择题

1. 以下哪种颜色在日本的冠位十二阶中表示的官衔最高？（　　）

A. 白　　B. 青
C. 赤　　D. 紫

2. 以下颜色中名字起源于昆布的传统色彩是？（　　）

A. 曙染　　B. 抚子
C. 瓶窥　　D. 媚茶

3. 描绘陋朴之美，残缺之美，老旧之美的是（　　）

A. 物哀　　B. 幽玄
C. 侘寂　　D. 风雅

4. 宫泽贤治在多部作品中，用来形容美丽的幻想空间的颜色是（　　）。

A. 桔梗色　　B. 纳户色
C. 藤色　　D. 东云色

5. 十二单在哪个时代开始成为女性贵族的正装？（　　）

A. 奈良时代　　B. 平安时代
C. 镰仓时代　　D. 江户时代

6. 日本流行色协会选取的令和代表色为（　　）（多选题）

A. 梅　　B. 堇
C. 白　　D. 樱

7. 江户时代中期，庶民只能穿哪些颜色的衣服？（　　）（多选题）

A. 茶色　　　B. 青色

C. 鼠色　　　D. 蓝色

8. 诞生于江户时代的传统色彩有（　　）（多选题）

A. 抚子　　　B. 鸨色

C. 东云色　　　D. 江户紫

二、判断题

1. 四十八茶百鼠是指四十八种茶色系和一百种鼠色系的颜色。（　　）
2. 与官衔德仁礼信义智相对应的颜色是紫青赤黄白黑。（　　）

三、思考题

1. 探究日本色彩文化曾受到哪些文化的影响。
2. 尝试谈一谈侘寂和物哀的区别。
3. 观察枯山水，说说你的体会和理解。

第六课　日本的社会福祉

日本的养老和医疗体制比较完善，了解日本的医疗保险制度和养老模式，对我国相关领域的发展有一定的借鉴意义。

一、参保制度

日本原来实施的是自愿参保的国民医疗保险制度，于 1958 年制定了新的国民健康保险制度，从 1961 年制度实施以来，所有的自愿参保都变成强制参保，奠定了为所有国民提供平等医疗服务的基础。

1. 各种公共医疗保险

日本有各种公共医疗保险，主要包括：①企业等人员参保的同业组织的健康保险和全国健康保险协会的健康保险及船员险；②国家公务员和地方公务员参保的互助会以及私立学校教职员工参保的互助会；③农林渔业、个体经营者参保的国民健康保险及医师等从业人员参保的同业组织国民健康保险；④75 岁以上老人参保的后期高龄者医疗保险等。

2. 参保人的医疗保险费用

国民各自参保公共医疗保险。参保人的平均年缴纳额因参保的医疗保险类别而不同。社会保险的保险费与参保人的收入、奖金有关，保险费由劳资双方各自负担一半。收入高的人保险费相应地增高。

国民健康保险的保险费以家庭为单位，根据家庭成员情况、收入情况来决定保险费。后期高龄者医疗保险以个人为单位缴纳保险费，根据个人收入情况确定保险费，对于低收入人员采取降低保费措施。政府不负担保险费用。

3. 医疗费的个人负担

即便参保的公共医疗保险不同，医疗费的个人负担比例也大致相同。原则上，个人负担所花费医疗费用的 30%。但是，学龄前儿童的个人负担比例是 20%，70 岁～74 岁老年人根据收入情况负担 20%或者 30%，75 岁以上老年人根据收入情况负担 10%或者 30%。

4. 高额疗养费制度

高额疗养费制度是日本公共医疗保险制度的一种。超过规定的基准额（也就是自费额度）的这一部分，原则上由保险机构负担。高额疗养费制度根据年龄和收入规定本人支付医疗费的上限；此外，在满足相应条件的前提下，还可进一步减轻本人负担的费用。随着医疗技术的进步，现在任何人都可以通过公共医疗保险接受高难度手术（比如各种癌症、心脑血管疾病等手术）。个人负担 30%的患者，在接受此类手术时，原则上需要在医疗机构窗口支付 30 万～135 万日元（约合人民币 1.8 万～8 万元）。

高额疗养费制度对参保公共医疗保险的人，尤其是医疗费超出高额疗养费制度规定的一定额度的案例来说，是一项难得的救济制度。对于各种癌症、心脏疾病、脑血管疾病等日本三大疾病，以及其他严重疾病的患者和家属来说，该制度极大地减轻了他们的医疗费负担。既不会大病致贫，也不会出现因高额医疗费而无法医治的情况。

另一方面，对保险机构（也就是医疗保险经营者）来说，由于需要巨大的医疗资金，财力弱的保险机构可能因此出现财政赤字。

二、社会保险与国民健康保险

社会保险和国民健康保险的区别在什么地方呢？社会保险是指同业组织健康保险、全国健康保险协会管理健康保险、船员保险以及互助组织等保险。国民健康保险是指城镇、街道、乡村居民参加的国民健康保险以及同业组织国民健康保险等。

1. 社会保险与国民健康保险的区别

首先，在保险费用上：社会保险中的保险费由公司和本人各付一半，也就是说本人负担保险费的 50%；而国民健康保险中本人负担 100%。

伤病津贴：社会保险有伤病津贴。国民健康保险是否支付伤病津贴由保险机构确定。

生育津贴：社会保险有生育津贴。国民健康保险是否支付生育津贴由保险机构确定。

其次，在受益对象方面的区别：在社会保险中，如果本人参保健康保险，那么不仅本人，也会对其所抚养、赡养的家属发放健康保险证，成为医疗保险的对象。而国民健康保险不是以个人为单位，而是以家庭为单位参保，抚养、赡养的家属作为家庭的成员集体参保国民健康保险。

2. 医疗相关法律

医疗法是医疗相关的根本法，是一部规定了开设和管理医院、诊所、助产所等的必要事项，发展上述设施的必要事项，国家和地方自治体的责任义务，医疗从业人员的责任等内容的法律。它决定了日本医疗供给体制的根本。而上述医疗保险等制度，都依赖法律提供保障。

三、养老方式

完善的医疗体制是养老的根本保障。目前日本主要有入住养老机构、抱团养老、居家养老等模式。其中居家养老占 70%，是最主要的养老方式。

1. 居家养老

日本是实施长期护理保险制度的典型国家，针对本国的实际情况制定实施长期护理保险制度，其制度覆盖面广，常规性与预防性护理相结合。具体措施如下：

（1）日本居家养老是以护理保险制度为基础，政府出钱请护理人员上门服务，老年人自己只需负担 10%的费用。

（2）日本有专门支撑家庭护理服务的人员培训和考核体制，所有护理人员均拥有国家专业资格证书，所有服务人员都有专业公司管理。

（3）日本居家养老的福利种类很多，共有 13 大类，基本可以满足不同老年人的不同需求。

2. 政府扶持

日本的居家养老主要通过政府、地方、企业三级联动方式来实现。

首先，日本政府会给 65 岁以上的老人一笔二十万日元（约合 112 000 元人民币）的费用，用于其个人住宅的改造，比如说，家里各处要装扶手、改造厕所、添置老年人专用的浴缸等，这些都可以向当地的市政府去报销。

其次，老年人购买轮椅、手杖、护理床等，90%的费用由政府承担，个人只需要承担 10%。

日本政府根据老年人的身体健康状况，作出护理等级的评定，然后根据不同的等级，支付不同金额的护理保险费。每个月最低的是五万日元，约合三千元人民币，最高的有十几万日元，相当于一万元人民币，这笔钱用来请专业的护理人员来家里帮助洗澡，打扫卫生，按摩，甚至做饭。有的时候接送去附近的养老院，洗个温泉澡，吃一顿中饭，睡一个午觉，然后与老人朋友们聊聊天。

3. 政府、企业、地方三级联动

对于孤寡老人，日本各地政府还有一项特殊的“安危确认制度”，也就是要随时掌握老人的健康状况、是否还活着、有什么需要。这项确认制度是政府联系公共事业部门或者企业来共同实施的。比如说抄表员、快递员，还有送报员等，他们在巡视中，如果发现订的报纸有好多天没人取了，白天屋里也一直亮着灯等，必须向指定的政府部门报告，以防止孤寡老人遭遇意外之后无人知晓。

还有一种老年人服务，是政府通过补贴的方式，给孤寡老人送盒饭。这些盒饭委托附近的便利店配送。由于一日三餐都需要配送，因此盒饭配送员就成了老人们健康的监督员，他们每天要负责填写老人情况报告书，向当地的市政府报告，而当地政府支付给 24 小时便利店一笔资金作为奖励。

还有不少城市向老人们提供一些特殊的服务。比如，大阪市中央区内的老人，分别给他们分发了一种塑料密封瓶，瓶子里装进两张表格，一张是发生意外情况时的家庭成员联系表，另一张是急救信息卡，上面有老人的健康保险号、血型、患有的疾病和正在服用的药物等重要的急救信息。这两张表格装进密封瓶子后，统一放在冰箱门上的储藏格位置，并在冰箱门外面贴上提示标签。独居老人一旦发生意外，只要还能拨打急救电话就行。急救人员上门后不需要过多询问，只要找到这个密封瓶子就可以对老人进行救助。

在日本，老年生活是以养老金、医疗保险、护理保险这“三道关”来全面实施保障的。正因为日本的居家养老制度和政府的援助政策十分的完备，因此，日本 70%以上的老年人，都是选择居家养老。

重点词汇

【公共医疗保险】

日语：公的医療保険　（こうてきいりょうほけん）

公共医疗保险是指在生病或受伤时，由公共机关负担一部分医疗费用的制度。在日本称之为“国民全民保险”，所有的人都加入了某种公共医疗保险。

【社会保险】

日语：社会保険　（しゃかいほけん）

社会保险是为了防止疾病、受伤、老年后资金不足、失业等国民生活中的风险而制定的公共保险制度。社会保险的主要项目包括养老保险、医疗保险、失业保险、工伤保险、生育保险。

【国民健康保险】

日语：国民健康保険　（こくみんけんこうほけん）

国民健康保险是全体国民共同参加的一种健康保险，参保人员是未加入被用者保险（健康保险等）的个体经营者等，是日本实现全民医保的根本，以家庭为单位，根据家庭成员情况、收入情况来决定保险费用。

【高额疗养费制度】

日语：高額療養費制度　（こうがくりょうようひせいど）

高额疗养费制度，是指一个月内在医院和诊所支付的医疗费用达到一定金额（自己负担限度额）时，通过申请将超额部分退还的公共健康保险制度。

【财政赤字】

日语：财政赤字　（ざいせいあかじ）

财政赤字是指政府支出高于税收收入的状态，会计上通常用红字表示，所以叫财政赤字。也叫预算赤字。

【安危确认制度】

日语：安否確認　（あんぴかくにん）

“安危确认制度”是指在灾害等情况下确认是否平安的意思，以及随时掌握老人的健康状况、是否还活着、有什么需要。

专栏

日本的两大医保体系

日本的医疗保险制度是为了减轻患者在生病或受伤时的医疗负担而制定的。只要是居住在日本的人，无论任何国籍都必须加入公共医疗保险。加入公共医疗保险就可以领取被保险证。当生病或受伤的时候，只要向保险医疗机构的挂号处出示被保险证，就可以只支付部分费用接受后续必要的治疗。日本医疗保险系统主要有两种，健保和国保。健保，也就是协会健康保险，由个人所属公司所在行业的协会进行管理和运营，与厚生年金配套。国保，即国民健康保险，由地方政府来管理运营，采取强制缴纳的制度，与国民年金配套。负责管理两种医保的机构不同，但是个人在实际使用时几乎没有什么不同，简单地说，这两种保险都是日本医保。健保和国保的报销比例都是70%，个人只需支付30%，且都包含高额疗养费制度等。高额疗养费制度通俗地说就是大病上限制度，是日本为了防止民众看病看到倾家荡产而设置的制度，是公共医疗保险制度的一种。对于在日本的外国人来说，只要持有非旅游签的日本长期签证，在入境日本的14天内必须强制加入其中一种医保制度，可以先办理健保，或者国保，之后再转另一种保险，也可以保持不变。如果是工作签证或者经营签证，按照法律规定需要购买健保，在东京地区购买健保拿的医保卡是蓝色硬卡，购买时还能为配偶与未成年子女一起购买，且不需要额外加钱。除了工作人群及家属，其他年满二十岁到还未退休的所有人，如果没有购买健保，就必须加入国保。加入健保后东京地区拿的是黄色软卡。在日本，一般来说年金和医保是配套购买的，日本的养老金体系有厚生年金和国民年金的分别。厚生年金与健保配套，国民年金与国保配套。按照规定，工作人群及其家属必须加入厚生年金，而剩下没有加入厚生年金的年满二十岁至未退休的成年人，都需要加入国民年金。

思政小知识

中国作为人口众多的大国，在新中国成立初期，受限于近乎崩溃的国民经济与薄弱的财政基础，各地医疗卫生资源短缺，人民群众得不到基本的医疗卫生保障。为解决“看病难、看病贵”的问题，中国迫切需要解决基本医疗卫生问题。

20 世纪 50 年代，中国建立了劳保医疗制度和公费医疗制度，城镇职工获得基本的医疗保障。与此同时，农村地区开始探索合作医疗制度。到 20 世纪 70 年代末，这三种医疗保障制度在我国实现了广泛覆盖。1998 年，城镇职工基本医疗保险制度正式建立，标志着我国医疗保障制度改革进入了建立新型医疗保障制度阶段。此后的二十年，中国先后建立了新型农村合作医疗、城镇居民基本医疗保险，后又整合为城乡居民基本医疗保险，逐步实现参保人全覆盖。

中国用短短二十年的时间，建立了较为完善的多层次医疗保障体系，实现了医疗保障全民覆盖的目标，取得了许多国家历经几十年甚至更长时间才能实现的医疗成就。党的十八大以来，中国进一步释放医疗红利，从医疗保障基础入手，为人民群众减轻就医压力。中国医疗保障体系的建立与发展是一个从“有没有”到“好不好”的飞跃，通过不断健全医疗保障体系，推动医保高质量发展，解决人民群众看病就医的后顾之忧，共享医保改革成果。

来源：新华社. 从“零”基础到世界最大医疗保障网——我国基本医保改革发展综述［EB-OL］.（2021-06-29）［2023-04-06］. https://www.gov.cn/xinwen/2021-06/29/content_5621496.htm.

练习题

一、选择题

1. 日本新的国民健康保险制度是从哪年开始实施的？（　　）

A. 1958 年　　B. 1960 年

C. 1961 年　　D. 1963 年

2. 在日本，原则上，个人应负担医疗费用的多少（除学龄前儿童和 70 岁以上老人）？（　　）

A. 20%　　B. 30%

C. 40%　　D. 50%

3. 为避免大病致贫，日本采取的政策是什么？（　　）

A. 社会保险　　B. 国民健康保险

C. 护理保险　　D. 高额疗养费制度

4. 在日本，以下保险中，本人需支付一半保险金的是？（　　）

A. 社会保险　　B. 国民健康保险

C. 护理保险　　D. 高额疗养费制度

5. 日本主要的养老方式是什么？（　　）

A. 居家养老　　B. 机构养老

C. 抱团养老　　D. 社区养老

6. 日本的三大疾病是什么？（　　）（多选题）

A. 癌症　　B. 抑郁症

C. 心脏疾病　　D. 脑血管疾病

7. 日本的居家养老主要通过哪三个主体来实现？（　　）（多选题）

A. 政府　　B. 地方

C. 企业　　D. 个人

8. 日本的老年生活是靠哪三项制度实现保障的？（　　）（多选题）

A. 高额疗养费制度　　B. 养老金

C. 医疗保险　　D. 护理保险

二、判断题

1. 在日本，国民健康保险的保险金由公司和个人各付一半。（　　）
2. 在日本，高额疗养费制度是公共医疗保险制度的一种。（　　）

三、思考题

1. 请简单介绍日本公共医疗保险制度。
2. 如何看待日本的高额疗养费制度？
3. 日本现在养老方式主要有哪些？日本的政府、地方、企业能够做哪些扶持？

第七课　日本的国球

一、日本棒球运动的历史

日本的国球是棒球，日语中叫做“野球（やきゅう）”。无论是职业棒球联赛还是高中甲子园棒球赛，在日本国民中都有着很高的热度。2021 年 6 月，“中央调查社”公布的有关人气体育运动的《全国意识调查》结果显示，棒球连续 26 年位居日本人（尤其是日本男性）最喜爱的职业体育项目榜首，日本人最喜爱的运动员排名第一的“イチロー（鈴木一朗）”和排名第二的“大谷翔平”都是棒球运动员。而在我国颇受欢迎的花样滑冰运动员羽生结弦，在该调查中仅位列第三位，这从侧面反映了日本人对于棒球运动的喜爱程度。

日本棒球运动历史悠久，其从美国传入后获得了快速的发展。19 世纪 70 年代，日本明治维新以后，积极学习西方的制度和文化，全国掀起了一股“脱亚入欧”的风潮。当时日本聘请了很多外国教师，美国人霍雷斯・威尔森就是其中之一。1872 年，霍雷斯・威尔森在东京开成学校（东京大学的前身）执教期间，从美国带来了棒球及棒球手套，在学校教授学生打棒球。六年后，留学美国归来的铁道工程师平冈熙组建了日本历史上第一支正式的棒球队——新桥棒球俱乐部。

在棒球引进日本之初，“野球”一词并未出现，棒球运动有“玉遊び”“打球鬼ごっこ”“底球”等多种称谓，“野球”这一译法最早见于中馬庚（ちゅうまん　かなえ）出版的《第一高等学校棒球部史》。当时，第一高等中学校棒球队是日本数一数二的强队，中馬庚是该队颇有名气的二垒手。1893 年，他被委任编写社团史时，所面临的一个问题即如何将外来语“ベースボール（baseball）”译为日语。因该项运动在野外草坪进行，他最终选择了“野球”。其 1897 年出版的棒球技术指导书《野球》中沿用了这一译法。

日本最早的棒球联赛是在大学之间展开的，1903 年，早稻田大学与庆应义塾大学间举办了一场校际棒球比赛，直至 1910 年的七年间，这两所学校每年都会进行棒球比赛，形成了日本最早的棒球联赛的雏形。

1934 年，日本开始出现职业棒球队，于 1950 年确立了现代的职业棒球体制。目前日本职业棒球共有“中央联盟（セントラル・リーグ）”和“太平洋联盟（パシフ

ィック・リーグ)”两大联盟。两个联盟各有六支队伍，中央联盟包括读卖巨人、中日龙、阪神虎、广岛东洋鲤鱼、东京养乐多燕子和横滨湾星，太平洋联盟包括埼玉西武狮、福冈软件银行鹰、欧力士野牛、千叶罗德海洋、北海道日本火腿斗士和东北乐天金鹰。其中，读卖巨人队是名副其实的人气职业球队，该球队不仅 38 次（截至 2019 年）获得联赛冠军，而且早在 1931 年就已初具雏形，在 12 支职业球队中历史最为悠久。该球队在日本国内粉丝众多，不少年轻人的父母就是球队粉丝。

图 1　棒球运动（康子辰拍摄于 2015 年）

日本的职业棒球赛季一般从 3 月下旬或 4 月上旬持续到 9 月中旬或 10 月上旬。近年来，每支球队赛季常规赛需要打 143 场比赛，其中与同联盟球队的比赛为 125 场，与另一联盟球队的“交流赛”为 18 场。

二、日本棒球比赛的规则

日本棒球继承了美式棒球的运动规则，比赛场地是一个直角扇形区域，直角两边是区分界内外的边线。边线以内为界内区，边线以外为界外区。界内区又分内场和外场。内场呈正方形，四角各设置一个垒位。在尖角处的垒位是本垒，其余依逆时针方向分别为一垒、二垒和三垒。内场各个垒位之间的距离为 27.43 米。投手板的前沿中心和本垒尖角间的距离为 18.44 米。在本垒后面和两边线以外不少于 18.29 米处画野传球线（用以区别比赛有效地区与无效地区），两边线至少长 76.20 米。两边线顶端连接线的任何一点距本垒尖角都应不少于 76.20 米。内场以外的界内区为外场。比赛场地必须平整，不得有任何障碍物。

日本棒球运动中，每场上场人数为十人，分别担任投手、捕手、击球手、野手职责。其中投手、捕手、击球手各一人，野手七人，野手具体可分为一垒手、二垒手、三垒手、游击手、左外野、中外野以及右外野七个角色。除了击球手为进攻方之外，其余角色均属于防守方。

图 2　棒球场地（康子辰拍摄于 2015 年）

比赛时，击球手在将球击出之后，开始逆时针奔跑，依次拿下一垒、二垒、三垒后回到本垒，进攻方即得一分。如果击球手三次未成功将投手的球击出且被捕手捕获，则该击球手被“三振出局”。如果击球手成功将球击出，但该球在未成功落地之前即被防守方捕获，称为该击球手被“接杀”。如果击球手在奔向下一个垒包时，该垒包球员已经捕获了该击球手击出的球，称为该击球手被“封杀”。

此外，日本棒球讲究礼仪，学生社团、职业俱乐部均有各自的规章制度，比如球员进出球场应行鞠躬礼，进入打击区应行举手礼，比赛前后两支球队要相互敬礼，教练或学长巡示应脱帽等。

三、日本独特的棒球文化

如果你对日本动漫有所接触，那么一定听说过“甲子园（甲子園　こうしえん）”。日本动漫《棒球英豪》《钻石王牌》《王牌投手 振臂高挥》等动漫主人公都是以甲子园为目标奋力拼搏。提到“甲子园”你会联想到什么？蓝天、草坪、汗水、呐喊，可能还有理想与青春，甲子园几乎成为了日本高中棒球赛的代名词。“甲子园”实际上是一座位于兵库县西宫市的著名棒球场，全称为“阪神甲子园球场”，一般简称为“甲子园球场”或“甲子园”。它落成于 1924 年，由于当年的天干地支刚好为“甲”和“子”，因此被命名为“甲子园”（当时全名为“阪神电车甲子园大运动场”）。该球场是日本第一个大型棒球场，也是日本现有的棒球场中历史最为悠久的一个。

图 3　甲子园球场（康子辰拍摄于 2015 年）

甲子园大赛有春夏两个赛季，分别是“春季甲子园”和“夏季甲子园”，“春季甲子园”于每年 3 月下旬到 4 月举行，指“高中棒球选拔赛（選抜高等学校野球大会）”。动漫中充满热血的“甲子园”一般指“夏季甲子园”，即“全国高中棒球锦标赛（全国高等学校野球選手権大会）”，到 2021 年已举办了 103 届。每年 6 月到 7 月，日本全国各地会举办地方大赛，在地方大赛获胜的队伍才有机会获得参加“夏季甲子园”的参赛资格。据统计，日本全国每年参加地方大赛的学校在四千所上下，而最终能拿到参赛资格的队伍一般只有 49 所。夏季甲子园比赛一般于 8 月初开始，为期 17 天（雨天顺延）。比赛每年都会有不同的口号，如 2021 年比赛口号“繋ぐ想い、挑む夏。（团结的意志，挑战的夏天）”等。

比赛前三到四天，球队会通过抽签决定前三轮对战情况，三轮比赛过后决出前八名，再进行第二轮抽签，第一轮抽签中会有 15 支球队直接轮空进入第二轮抽签。比赛采取单场淘汰制，想要杀入决赛从开始就要拼尽全力，因此热血拼搏、燃烧青春、不留遗憾也成了甲子园赛事的精神所在。对于日本高中生而言，出现在甲子园赛场上无疑是一种无上的荣耀，球队的球迷和家乡的人们同样会将登上甲子园的年轻人视为家乡的英雄，甲子园赛事之隆重、盛大，也为棒球运动的普及提供了更多可能。

棒球运动被誉为“竞技与智慧的结合”，是一项集智慧与勇敢、趣味与协作于一体的集体运动项目。不过从世界范围看，棒球运动仅拥有约 4.8 亿球迷。不同机构调查的世界受欢迎球类运动榜单中，棒球大致处于第 7～9 名。那么，它在日本为何如此受欢迎，成为了日本人心目中的 Top 1 呢？除去棒球运动本身极具魅力外，该运动不像其他竞技体育，在场上没有直接的冲撞，因而老少皆宜，这也是其受欢迎的原因之一。此外，还有一个重要原因是棒球运动既包含一定规则，需要勤学苦练，同时又重视协作精神，这与日本的国民价值观不谋而合，促进了棒球运动在日本的发展。

总之，于 1872 年传入日本的棒球运动，在二战后得到迅猛发展成为日本的国球，这其中既有时代的契机，也与日本的民族性格密不可分。体育运动不仅是文化的载体，也是文化默契的伙伴，二者相辅相成，互相促进彼此的发展。

重点词汇

【中央联盟】

日语：セントラル・リーグ

日本职业棒球所属的两个联盟之一，简称“セ・リーグ”。

【太平洋联盟】

日语：パシフィック・リーグ

日本职业棒球所属的两个联盟之一，简称“パ・リーグ”。

【读卖巨人队】

日语：読売ジャイアンツ　(よみうりジャイアンツ)

一支隶属日本职棒中央联盟的球队，简称“ジャイアンツ”或“巨人（きょじん）”。

【埼玉西武狮队】

日语：埼玉西武ライオンズ　(さいたませいぶライオンズ)

一支隶属日本职棒太平洋联盟的球队。

【甲子园】

日语：甲子園　(こうしえん)

地名，位于日本兵库县西宫市。该地因阪神甲子园球场和每年春季、夏季在此球场举办的全国高中棒球比赛而被人熟知，因此“甲子园”也是阪神甲子园球场和全国高中棒球比赛的通称。

【全国高中棒球锦标赛】

日语：全国高等学校野球選手権大会

(ぜんこくこうとうがっこうやきゅうせんしゅけんたいかい)

朝日新闻社和日本高中棒球联盟每年8月在阪神甲子园球场联合举办的日本高中棒球比赛，俗称“夏季大会（夏の大会）”或“夏季甲子园（夏の甲子园）”。

专栏

甲子园：“青春”与“热血”的圣地

棒球在日本享有“国球”地位，但日本人说：没有甲子园就没有日本棒球。阪神甲子园球场是一座位于日本兵库县西宫市的棒球场，它被视为日本体育乃至日本精神的一种象征，日本人把它当作热血拼搏和永不放弃的代名词。

甲子园赛事象征日本精神

据统计，日本全国棒球联盟注册高中超过四千所。每年8月，只有获得各地区冠军的49所高中能够来到甲子园，并在为期两周的比赛中决出冠军。

甲子园的高中棒球比赛被称作是“日本最好的体育赛事”。日本民众普遍认为，和现实的职业运动员不同，高中生们是“单纯凭着一腔热血和集体荣誉感在比赛”。因此甲子园又被视为日式“热血精神”的象征。高中生在球场上奋不顾身滑垒而浑身沾满泥土、淘汰后哭着收集“甲子园之土”等场景被认为是“最感动日本人的场景”。

有日本学者认为，“永不放弃”这一信仰是甲子园带给日本年轻人最大的精神馈赠。在甲子园的决赛场上，曾经有两队延长加时16局才分出胜负，投手的手臂几乎失去知觉。

登上甲子园球场代表终极荣耀

甲子园的成长黄金期正是20世纪日本经济飞速发展的时期，这一时期，日本人的民族自信心以及追逐梦想的意愿空前膨胀，并被寄托在甲子园。对于一所普通的日本高中来说，登上甲子园球场“堪比上青天”，要经历地区预选赛的残酷洗礼，因此甲子园代表一种人生的“终极荣耀”。

思政小知识

在2021年东京奥运会铅球项目比赛中，北京科技大学校友巩立姣以20米58的个人最好成绩为中国队夺得第22金，这是中国选手在奥运会铅球项目中首获冠军。

在普通人看来，铅球运动员个个都身强体壮、力能扛鼎，似乎难以与温婉、柔弱的传统女性形象挂钩。面对外界的不解和偏见，奥运冠军巩立姣一直在用行动改变人们的认知和看法。在膝盖受伤最严重的那段日子，她仍坚持在社交平台更新各种搞笑小视频。她和队友模仿猩猩跳舞、比赛出场时提着裙摆作揖、拉教练一起拍训练情景剧、把衣服卷成球状教大家在家练铅球等。她说："我只是想证明我们铅球运动员也很可爱，并不是呆不拉几的"。透过巩立姣，人们看到了女子铅球运动员可爱灵动、热爱生活的一面，增进了对铅球运动的了解。

巩立姣先后四次参加奥运会，作为元老级运动员和一个冷门项目的领军人，她见证了中国女子铅球项目成长发展、走向辉煌的历程，倾注了自己的无限热爱和宝贵心血。她经历过伤病、失败，一路追求梦想永不言弃，她开朗、豁达，常常娱乐自己活跃气氛。她以坚强的身躯，将中国女子铅球项目扛在肩上，步步向前，最终铸就了中国荣耀与辉煌。心怀梦想，逐梦前行，这正是人生价值的体现，希望她的故事能在逐梦路上为你带来一些勇气。

练习题

一、选择题

1. 棒球运动从（　　）传入日本，随后在日本获得了极大的发展。

A. 美国　　B. 英国
C. 法国　　D. 德国

2. 日本在（　　）年确立了现代职业棒球体制。

A. 1949　　B. 1950
C. 1951　　D. 1952

3. 日本的 12 支职业球队中历史最为悠久的是（　　）。

A. 东京养乐多燕子队　　B. 读卖巨人队
C. 福冈软件银行鹰队　　D. 广岛东洋鲤鱼队

4. 据统计，日本全国八个赛区每年为获得"夏季甲子园"的参赛资格而参加地方大赛的学校大约有（　　）。

A. 一千所　　B. 两千所
C. 三千所　　D. 四千所

5. 日本最早的棒球联赛是早稻田大学和（　　）之间展开的。

A. 明治大学　　B. 青山学院大学
C. 法政大学　　D. 庆应义塾大学

6. 以下职业棒球队中，属于中央联盟的队伍有（　　）。（多选题）

A. 读卖巨人队　　B. 阪神虎队
C. 广岛东洋鲤鱼队　　D. 东京养乐多燕子队

7. 以下动漫中，讲述主人公以甲子园为目标奋力拼搏的是（　　）。（多选题）
   A.《灌篮高手》
   B.《棒球英豪》
   C.《钻石王牌》
   D.《王牌投手 振臂高挥》
8. 甲子园大赛的两个赛季是（　　）。（多选题）
   A. 春季
   B. 夏季
   C. 秋季
   D. 冬季

二、判断题

1. 1878 年，留学美国归来的铁道工程师平冈熙组建了日本历史上第一支正式的棒球队——新桥棒球俱乐部。（　　）
2. 动漫中充满热血的“甲子园”一般指春季甲子园比赛。（　　）

三、思考题

1. 请论述棒球运动在日本的产生和发展。
2. 请思考棒球运动为何在日本广受欢迎。
3. 请介绍一部和棒球运动有关的日本动漫作品。

第八课　日本的汉字文化

汉字在古代传入日本，日本在借鉴使用汉字的过程中创制了平假名、片假名，形成了现今的汉字假名混合文体。汉字传入日本之初是如何被运用的？汉字假名混合文体是如何出现的？为何历史上有中日“同文”的说法？本课从汉字、汉文传入日本讲起，遵循历史脉络介绍日本古代的文体和汉字、汉文使用情况及日本历史上对汉字、汉文的认知。

一、古代日本与汉字、汉文

一般认为，日本人在接触汉字之前还没有自己的文字，而日本人接触汉字的历史时期虽然尚不明晰，但最晚在中国的魏晋时期汉字就以文言文（日语称之为“汉文”）的形式传入日本。日本后来利用汉字草书发明了平假名，利用汉字的偏旁部首发明了片假名，日本文字“平假名”与“片假名”中的“假名”之称，是相对于汉字而言的，汉字被称之为“真名”。由此可见日本文字与汉字的密切关系。

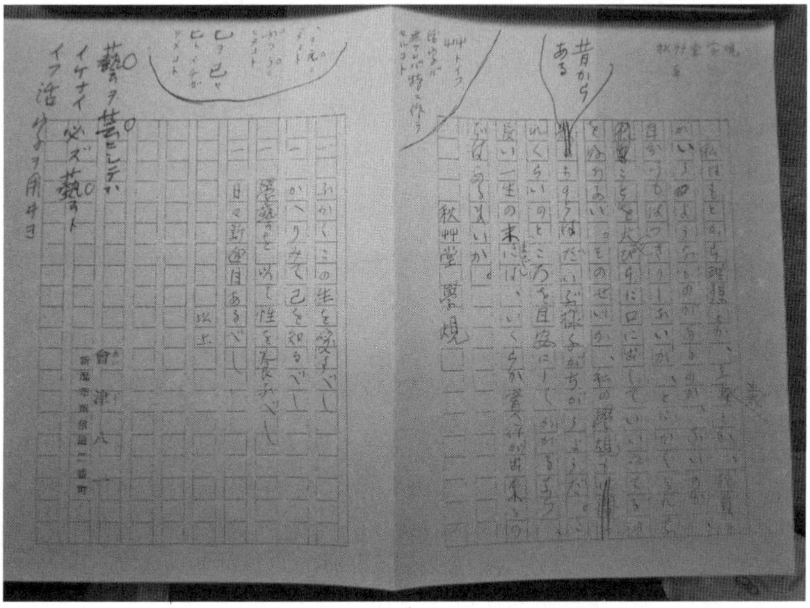

图 1　会津八一の書斎学規（张秀阁拍摄）

日本著名的记纪神话《古事记》《日本书纪》，成书于平安朝时期。其中，《日本书纪》由汉文即文言文写成，而《古事记》则在汉文中夹杂了日语（这一部分也用汉字表音）。在中日交流史上，遣隋史、遣唐使大大促进了中国文化在日本的传播，平安朝时期日本贵族和知识人具有极高的汉文、汉诗素养，可以吟诗作赋。例如与李白有交往的晁衡等人。

值得注意的是，在日本历史上，假名出现之后，汉文的脉络并非就此没落。例如在江户时期，儒学颇受重视，知识人的汉文素养很高，与中国人之间可以通过汉文进行笔谈。例如黄遵宪等赴日期间，就与日本知识人之间留下了大量的笔谈资料和诗歌唱和。

二、近代以来的日本国语与汉字问题

日本近代以后，日本“国语”形成的过程也是以“民族”语言对抗所在中华文明圈的统一书面语——汉文（文言文）的过程。因此，日本近代以来的国语运动，已内化为日本文化组成部分的汉文、汉字被“他者”化。源自中国的汉字，逐渐进入东亚地区其他语言的文字体系。近代以来，在对汉字的认识上，表音主义、进化论语言学对汉字的贬低也为东亚人所接受。短时间内习得汉字的难度大，不能直接应用西方率先发展的机械化、难于高效机械化等实际问题使得当时的人们认为汉字繁难、落后。这些都促成了呼吁简化汉字并逐步废除汉字的呼声。

第二次世界大战后初期，日本在文字问题上延续明治以来追求表音、否定汉字的思路。但因不能直接采用表音文字，日本采取削减汉字、用假名表音的渐进改革措施。陆续出台的文字改革政策中，最基本的是 1946 年 11 月 16 日公布的现代假名用法和当用汉字表。次年 9 月与此相关的“当用汉字别表”“当用汉字音训表”公布，1949 年 4 月“当用汉字字体表”公布。

日本在汉字改革上的做法主要是削减汉字，将很多汉字改用假名表示或改用其他词汇，将数个同音汉字合并。在汉字的取舍上，日本的做法大体上就是只保留常用的或难以舍弃的。删除的汉字用表音假名替代，大量采取合并同音字的做法，简言之，是一种表音导向的做法。

二战后，日本在表音派成员占多数的国语审议会推动下，出台了一系列限制汉字、简化汉字的政策。但在 20 世纪 60 年代，日本出现了反对如此改革的呼声，相关机构开始对战后汉字政策进行评估、反思。1966 年，日本国立国语研究所对 1948 年 2 月 16 日公布的“当用汉字音训表”进行调查后得出的结论是，“当用汉字音训表”的制定“不符合社会需求的实际情况，因此很难全面普及”[①]。

---

① 洪仁善. 战后日本的汉字政策研究［M］. 北京：商务印书馆，2011：71.

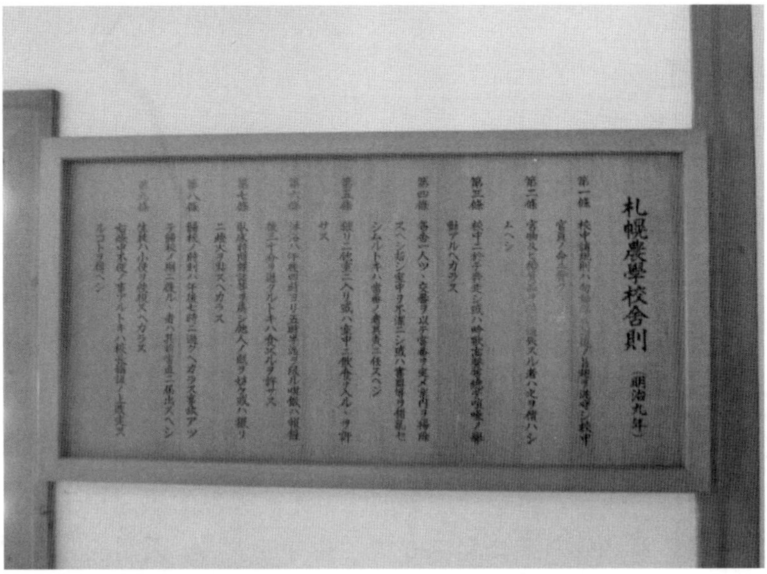

图 2　明治时期文字用例（张秀阁拍摄）

三、当今日本的汉字问题

1946 年出台 1 850 字“当用汉字表”时，国语审议会认为这只是权宜之计，这些过渡时期暂用的汉字不久就会消失。1966 年，文部大臣明确汉字假名混合文是讨论国语问题的基础，这意味着不会将汉字全部废除。到了 1981 年，日本公布字数为 1 945 字的“常用汉字表”，且明确说明这只是一个指南，并不作为严格限制的准绳。

1980 年代以后，随着打字机、电脑等电子产品在日本的普及，人们可以轻松打出汉字，在这样的背景下，废除汉字、限制汉字的依据似乎不再有力。

2010 年，日本公布了“改定常用汉字表（暂称）”，该表格从原先的常用汉字表中删减了五个汉字，增加了 196 字，共 2 136 字。这似乎是一个很讽刺的结果。

从日本二战后实施限制汉字的政策以来，规约汉字使用的“当用汉字表”变为仅作参考的“常用汉字表”，之后又进一步增加汉字数量，公布“改定常用汉字表”。政策规约的汉字并未减少反而一路增加，此外，表外汉字也在社会上大量使用。当一系列改革真正付诸实践时，人们才发现限制汉字、追求表音化实在是“剪不断理还乱”。从这里可以看到理论主张与实际运用之间的矛盾，看到汉字处理技术进步后汉字使用上的巨大改变。日本限制汉字的政策近年似乎变宽松。但战后初期严格限制汉字的政策对日语也产生很多影响，例如一些词汇的更换，部分汉语词汇更改汉字，或改为“和语”词汇或片假名标识的外来语。这些更换有如难收之覆水，对日语造成了不小的影响。

重点词汇

【假名】

日语：仮名　(かな)

表音文字的一种。包括对汉字进行高度潦草化、简略化处理所变化而来的“平假名”，以及对汉字部分笔画进行省略处理所变化而来的“片假名”。

【《日本书纪》】

日语：《日本書紀》　(にほんしょき)

与《古事记》一起被并称为“記紀（きき）”。由天武天皇的第三皇子舍人亲王奉命与太安麻侣等人共同编纂。成书于公元720年，共有三十卷，采用汉文和编年体记述了从神代到持统天皇这一段以天皇为中心的日本建国史。

【《古事记》】

日语：《古事記》　(こじき)

日本现存最古老的史书。由稗田阿礼奉天武天皇之命进行口诵，太安万侣奉元明天皇之命所撰写而成。成书于奈良时代（712年），共有三卷，上卷收录了神代，中卷收录了从神武天皇到应神天皇，下卷收录了从仁德天皇到推古天皇的相关记载，包括各种神话、传说、歌谣等。

【表音文字】

日语：表音文字　(ひょうおんもじ)

以音节或音素为语言单位进行表示的一类文字。每一个字本身没有任何含义，仅表示读音，与“表意文字”相对。具体可以划分为音节文字（如日本的假名）和音素文字（如罗马字）。

【当用汉字】

日语：当用漢字　(とうようかんじ)

1946年11月，由内阁训令及告示所公布的《当用汉字表》中，被定为日常生活中所使用汉字范围的1 850种汉字。1948年，《当用汉字别表》发布，将1 850字中的881字定为义务教育中应当进行学习的汉字，即“教育汉字”。

专栏

日本的年度汉字

日本汉字能力检定协会从 1995 年开始每年年末会在全国范围内征集意见，选出一个代表本年度社会情况的汉字，是一项以传授汉字精髓和深奥意义为主要目标的教育活动。而这个被选出来的汉字便被称为“年度汉字”。在 12 月 12 日的“汉字日”这一天，得票数最多的汉字会由森清范住持在京都的清水寺执笔写在一张宽 1.3 米、高 1.5 米的特大和纸上，然后供奉在该寺的千手观音菩萨尊前。此后，人们会带着祈盼新的一年能变得更加美好的愿望，在清水寺举行供奉仪式。

自 1995 年以来，历年当选的年度汉字分别为：震、食、倒、毒、末、金、战、归、虎、灾、爱、命、伪、变、新、暑、绊、金、轮、税、安、金、北、灾、令、密、金。其中，2020 年，“密”被选为年度汉字的理由，主要是因为新冠病毒的感染范围扩大和“三密（通风不良的密闭空间、人群密集的场所和与其他人的亲密接触）一词在日常生活中的频繁出现。此外，网络时代人与人之间的交流和互通变得越来越紧“密”，在政界和演艺圈内所曝光的秘“密”不胜枚举，也与“密”字的当选有着一定的关联。

2021 年的年度汉字“金”，继此前的 2000 年、2012 年、2016 年之后已经是第四次被选为年度汉字。据日本汉字能力鉴定协会表示，“金”字的又一次当选，主要与日本选手在东京奥运会上多次取得“金”牌，大谷翔平在大联盟赛中获得 MVP，藤井聪太成为日本棋界最年轻的四冠王等黄“金”佳话，以及补助金、新纸币、新硬币等“金”钱相关的话题有关。

思政小知识

中国对日本年号的影响

2019 年，日本颁布新年号“令和”，引起社会的广泛关注。

“令和”是日本首次不从中国典籍中选取的年号，据称取自日本和歌集《万叶集》，具体是卷五《梅花诗三十二首并序》的序文部分“初春令月，气淑风和”一句。

“令和”及其出处公开之后，有中国网友认为，其出自中国典籍，并找到中国古代诗句来例证。举例如后汉文人张衡《归田赋》中“仲春令月，时和气清”一句。虽然已有专家证实《归田赋》不是“令和”的直接出处，但我们仍能从“令和”出处看到中国古代文化的影子。

《万叶集》是日本最古老的诗歌集，收录公元 4 世纪至 8 世纪中叶的长短和歌，大部分是奈良时代的和歌。《万叶集》成书时，日本没有自己的文字，全部诗歌都是借用汉字来记录。虽然《万叶集》收录的是和歌，但《梅花诗三十二首并序》的序言却是文言文写就。

有关《梅花诗三十二首并序》与中国古代诗歌的关系，学界研究认为主要体现在三个方面：词语修辞受六朝诗文影响，歌序结构受《兰亭集序》影响，结尾处对诗序套语句受初唐诗序诗句影响。这足以证明中国古代诗歌对《梅花诗三十二首并序》全方位的影响，也从侧面说明年号“令和”与中国古代文化之间的密切联系。

练习题

一、选择题

1. （　　）年，日本出台了 1 850 字的“当用汉字表”。

   A. 1945　　B. 1878

   C. 1946　　D. 1905

2. 日本删除汉字用假名替代，大量采取合并同音字的做法，简言之，是一种（　　）导向的做法。

   A. 表意　　B. 表音

   C. 表形　　D. 表声

3. 日本现在的年号是（　　）。

   A. 明治　　B. 平成

   C. 昭和　　D. 令和

4. 1981 年，日本公布的“常用汉字表”包括的字数是（　　）。

   A. 1 945　　B. 196

   C. 3 000　　D. 1 000

5. 2010 年 11 月 30 日，日本公布了（　　），该表格从原先的常用汉字表中删减了五个汉字，增加了 196 字，共 2 136 字。

   A. 常用汉字表　　B. 改定常用汉字表

   C. 当用汉字表　　D. 人名用汉字别表

6. 日本在汉字改革上的做法包括（　　）。（多选题）

   A. 改用假名表示　　B. 合并同音字

C. 创制新的汉字　　D. 简化字体

7. 日本著名的记纪神话有（　　）。（多选题）

A.《源氏物语》　　B.《古事记》

C.《平家物语》　　D.《日本书纪》

8. 与日本年号“令和”有关的典籍（　　）。（多选题）

A.《万叶集》　　B.《归田赋》

C.《兰亭集序》　　D.《道德经》

二、判断题

1. 日本文字“平假名”与“片假名”中的“假名”之称，是相对于汉字而言的，汉字被称之为“真名”。（　　）

2. 日本限制汉字的政策近年变得宽松，但第二次世界大战后初期严格限制汉字的政策对日语也产生很多影响，这些更换有如难收之覆水，对日语造成了不小的影响。（　　）

三、思考题

1. 试比较中日汉字文化之间存在的差异。

2. 日本在汉字改革的过程中还采取了其他哪些措施？

第九课　日本的诗歌文化

在学习外语的过程中，我们比较容易发现和感受到异文化的“异”，因为与己不同，有时这个“异”会令人感到怪异。例如，在学习俳句时，一些学生会认为俳句过于短小，表达不了什么。在接触日本传统艺术能乐时，许多学生会认为能面恐怖，难以欣赏。本课就以俳句和能面为例，寻找其共性，探究中日文化之间的相通之处。

一、俳句

俳句（はいく）被称为世界最短的诗。五、七、五，以三句十七音节为一首。此处的音节指的是日语假名。传统的俳句中要有一个季语，例如，樱花、蒲公英、女儿节，是春天的季语；梅雨、萤火虫、向日葵，是夏天的季语；菊花、红叶、柿子、赏月，是秋天的季语；雪、梅花、除夕之夜的钟声，是冬天的季语。季语展现了春夏秋冬的四时景致，山川草木的独特风情，花鸟虫鱼的千姿百态以及自然带给人内心的微妙感受。

狭长的日本列岛四季分明，自然形态丰富多变。与此同时，台风、火山、地震多发，独特的自然环境孕育了日本人敏锐的洞察力、细腻的感受力以及对大自然的敬畏之心。与其说季语是俳句的创作规则，不如说是人们在借助俳句中的季语，抒发对自然的情感，在自然中寻求灵感，在与自然的对话中寻找情感依托。

江户时期的俳人松尾芭蕉（1644 年—1694 年）被称为俳圣，一生云游日本。他的作品《奥之细道》充满了自然风情又渗透了作者的生命感悟，他的文字深深影响着日本人的心灵。相信许多人都读过这首古池青蛙跃水之声的俳句：

(ふるいけや　かえるとびこむ　みずのおと)

古池や　　蛙飛びこむ　　水の音

关于这首俳句的赏析非常多，许多人都有自己的解读。译文版本也很多，或婉约或豪放，风格多样。对于自幼熟读、背诵唐诗宋词的中国学生来说，可能普遍的感受是：过于短小。我们可以理解这是以动写静，也似乎能够体会几分其中的禅意。相当一部分中国学生在学习俳句时，会把它和唐诗宋词进行比较，会发现二者存在很大不同。

俳句寥寥数字，通常是作者对自然的描写，对生命的点滴感悟，少见家国情怀、人生哲理。但就像诗句所说，“已识乾坤大，犹怜草木青。”即便是经历世事浮沉，阅尽人间沧桑，当看到草木生发，依然能够生出怜悯之情。庄子说：“天地有大美而不言，四时有明法而不议，万物有成理而不说。”人生于自然，归于自然。一滴春雨，一声虫鸣，都在向人类展示自然的神秘和不可言说之美。

说到虫子，便会想到俳句诗人小林一茶。例如这首写苍蝇的俳句：

原文：やれ打つな、はえが手をすり、足をする。

译文：不要打啊，苍蝇在搓它的手，搓它的脚呢。

在小林一茶的笔下，苍蝇也是一个可爱的小生灵。命运悲凉的一茶对生命有丰富的体验认知，他的悲苦生涯使他对众生怀抱深沉的同情，因为懂得，所以慈悲。他的俳句，亦庄亦谐，笑中带泪。

二、现代短诗

俳句是日本的传统文学，现代社会的日本人依然与他们的祖先一样热爱短诗。日本人对于短诗的爱，可谓是融入骨血。除现代俳句和现代川柳外，还有一种没有严格的字数要求与规则限制的现代短诗。这种无需深厚文学功底，小孩子也可以参与创作的现代短诗，更体现了日本人对短诗的情感。

图 1 日本最短的家书

近年来，日本举办了多届短诗大赛，例如全日本最短的情诗、全日本最短的家书等。获奖作品被整理收录，作为书籍出版。投稿参加比赛的人包括各行各业的男女老少，现从历届获奖作品中，精选了几首出自不同年龄段的作者的作品。

20 岁选手的作品：

原文：お元気ですか。受話器をおいたまま、何度あなたに電話をかけたでしょうか。

译文 1：你还好吗？话筒就那么放着，我都给你打了多少次电话了。

译文 2：电话打了吗？没有。但是，你还好吗，在心里，已经给你打了很多次电话了。

21 岁选手的作品：

原文：あなたの目が誰を追っているか、分かるぐらい、私の目があなたを追っていた。

译文：我的目光追随着你，以至于你的目光追随着谁，我都知道。

“ぐらい”表示程度。我的目光追随着你，到什么程度呢，到你的目光追随着谁，我都懂都明白的程度。

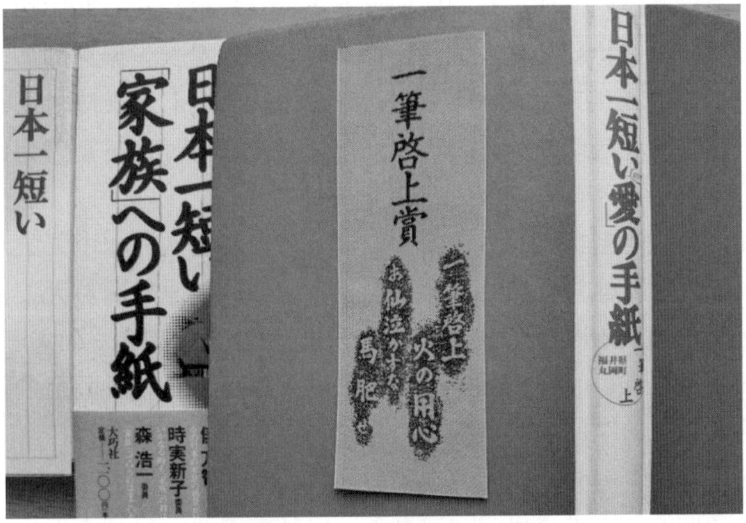

图 2　日本最短的情诗

22 岁选手的作品：

原文：“あいつでいっか”から、“あいつがいいな”になって、今では“あいつじゃなきゃやだよ”。

译文：从“就是他了将就吧”，到“他真好啊”，现在已是“非他不可”。

从“あいつでいっか”到“あいつがいいな”，现在则是“あいつじゃなきゃやだよ”。格助词变了，虽然只有一个假名，含义大不同。“あいつでいっか”就是那家伙了吧，虽然不理想，但就这样将就凑合了吧。“あいつがいい”，他真好，不是其他的任何人，就是他，他才好。短短几个字，表现了作者从举棋不定到非他不可的心路历程。

56 岁选手的作品：

原文：あの世で再び出会うことがあれば、今度は互いに、挨拶だけで行き過ぎましょう。

译文：来世如果能再相见的话，我们彼此问候一声，就擦身而过吧。

短短一句话，表达了颇为复杂的情感。今生的恩怨情仇，已经足够，来生不想和你再有纠葛。“挨拶だけで”，几个字表达了许多。不打招呼形同陌路，则像是心中还有怨气，问候一声再彼此走过，可以读出的是作者不是赌气，而是把今生的恩怨情仇都放下了。

三、俳句、能、水墨画

日本的能乐被称为幽玄的艺术。幽玄是日本特有的美学观念，特色是神秘而含蓄。

能面，多由桧木雕刻而成，有的能面已有五六百年的历史。其中相对不令人恐惧的，也是最具能面幽玄特征的是女面。女面的表情看似微笑，眼角却如泣如诉；看似悲伤，唇边却漾出一丝笑意。能面被称作“无表情”。这个无表情，在不同的角度，不同的灯光下，时而看起来在笑，时而在发怒，时而在哭泣。正是因为她没有明确的表情，不悲不喜，所以才可以演绎喜怒哀乐各种情感。

不止女面，其他能面也具有这个特点。这一点，我们认为和中国的水墨画有着相通的地方。传统的水墨画只有白纸黑墨，但也正因如此，才能涵盖大千世界中的各种色彩。事实上，在调色板上把各种颜料混在一起，便会呈现黑色。如果画面上是红花，那我们看到的就是红花。而水墨画中的墨色的花，有可能是各种颜色的，表达的可能性更多，留给人想象的空间也就更大。

中国的水墨画还有另外一个特点，那就是大面积的留白。美是多种多样的，审美意识也是多种多样的。很难分优劣，评高下。但是中国的水墨画表现出来的，可以说是一种比较成熟的审美意识。我们可以回想一下自己小时候画的画，或者看到的幼儿园孩子画的画。孩子们往往会受到一种把空白填满的原始冲动的影响，用各种色彩，把一张纸画满。待长大一些，才有可能意识到，这个地方空着，也没什么不好，才敢于留白，意识到留白的美和意义。水墨画所表现的，就是这样一种比较成熟的审美意识。它的留白，给了观者想象的空间。所以，水墨画惜墨，惜墨如金。说到惜墨如金，便能想到前面鉴赏的俳句。俳句的确很短。但正因为它简洁精炼，寥寥数言，寄情写意，才带来无尽的联想空间，“言有尽而意无穷”。

弗洛伊德关于潜意识的冰山理论中，用冰山来比喻人类的心理结构。露出水面的冰山一角是有意识的层面，而水下的庞然大物是潜意识。这个比喻也可以用来形容俳句，短短 17 字是冰山一角，而作者想表达的，和读者能联想、感悟的，却是水面下无限延伸的世界。

留白带来了想象的空间，省略带来了余韵。这就是俳句短诗、能面和水墨画之间相通的地方。

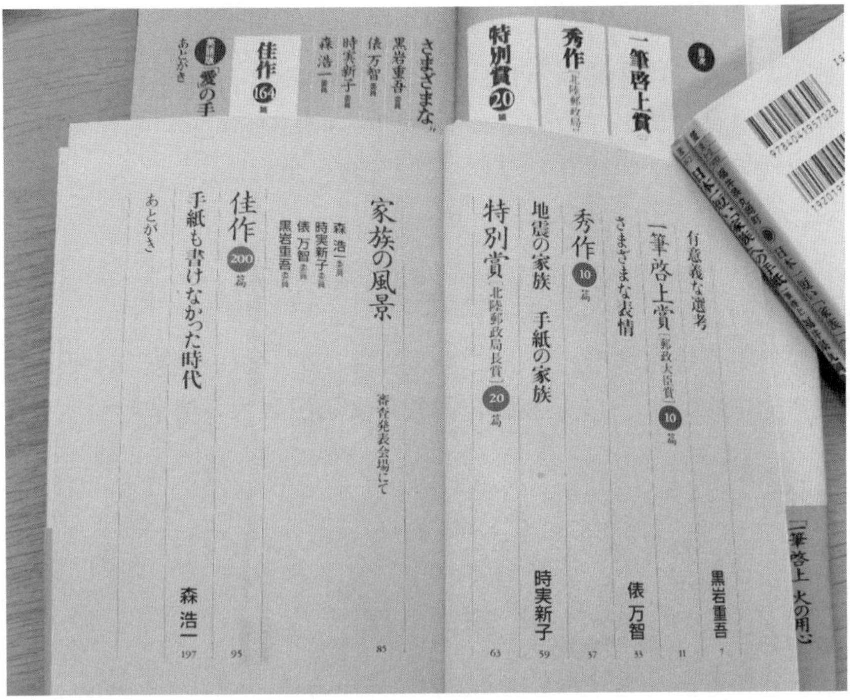

图 3 《日本最短家书》目录

重点词汇

【俳句】

日语：俳句　（はいく）

由五、七、五的三句 17 音构成的古典短诗。起源于中国汉诗的绝句。俳句的创作遵循两个基本规则：首先，俳句由五、七、五共十七个日文音组成；其次，俳句中要有一个季语。

【川柳】

日语：川柳　（せんりゅう）

一种诗歌形式，17 音节诗。没有俳句那样严格的格式要求，形式比较口语化，多用于表达心情或调侃讽刺社会现象。

【松尾芭蕉】

日语：松尾芭蕉　（まつおばしょう）

日本俳句家（1644 年—1694 年）。江户时代前期，松尾芭蕉将俳谐从和歌中真正解放出来，使俳句达到前所未有的顶峰。因此他被称为俳圣。代表作品为《奥之细道》。

【小林一茶】

日语：小林一茶　（こばやしいっさ）

日本江户时期著名俳句诗人（1763 年—1827 年）。本名弥太郎，别号菊明。作品风格别开天地，自成一家。主要作品有《病日记》《我春集》等。

【能乐】

日语：能楽　（のうがく）

最具代表性的日本传统艺术形式之一。能乐包括“能”与“狂言”两项。能面是能乐的重要组成部分。2001 年，能乐被联合国教科文组织列为人类非物质文化遗产。

专栏

川　柳

川柳是一种诗歌形式，音节与俳句一样，17 个音节，按 5、7、5 排列。川柳的创作没有季语和助动词等格式限制，形式和内容都比较自由。现代川柳非常口语化，表现领域十分广泛，常见的风格是调侃和讽刺。

川柳作品中有世态炎凉的细微点滴，有冷暖人间的喜怒哀乐。阅读川柳可以说是了解日本社会和日本文化的途径之一。现代川柳根据书写主题的不同，有上班族川柳、银发川柳、御宅族川柳、女子会川柳等等多种多样的分支。第一生命保险公司于 1987 年发起了“上班族川柳大赛”，每年从日本全国征集关注日常生活、充满讽刺与幽默意味的主题作品，并从中选出十佳。第一生命的“上班族川柳”已经和日本汉字能力检定协会的“本年汉字”、住友生命的“新创四字熟语”、东洋大学的“现代学生百人一首”、自由国民社的“新词、流行词大奖”一起成为反映现代日本社会的民意风向标，入选作品一经发表即为日本媒体广为介绍，成为现代日本社会的一道独特风景。

以下为最近几年获得“上班族川柳大赛”前三名的作品。

2021 年（第 34 回）

会社へは　来るなと上司　行けと妻

十万円　見る事もなく　妻のもの

リモートで　便利な言葉　“聞こえません！”

2020 年（第 33 回）

我が家では　最強スクラム　妻・娘
パプリカを　食べない我が子が　踊ってる
話聞け！　スマホいじるな！　“メモですが”
2019 年（第 32 回）
五時過ぎた　カモンペイビー　USA ばらし
いい数字　出るまで測る　血圧計
メルカリで　妻が売るのは　俺の物
2018 年（第 31 回）
スポーツジム　車で行って　チャリをこぐ
“ちがうだろ！”　妻が言うなら　そうだろう
ノーメイク　会社入れぬ　顔認証
2017 年（第 30 回）
ゆとりでしょ？　そう言うあなたは　バブルでしょ？
久しぶり！　聞くに聞けない　君の名は
ありのまま　スッピンみせたら　君の名は？
有兴趣的同学可以试着翻译这些川柳作品，也可以尝试自己进行创作。

思政小知识

中日邦交正常化半个世纪以来，两国举办了多种多样的文化交流活动。中国与日本同属于汉字文化圈，这为开展文化交流提供了舞台。在此背景下展开的诗歌交流活动成果令人瞩目。中国多次举办俳句与汉俳诗歌交流会、俳句大赛等活动。为了更好地让人们了解俳句，人民中国、人民网日文版等在媒体账号上介绍推广俳句知识，得到众多网友的关注与喜爱。俳句逐渐走进了中国人民的生活之中。

在 2020 年 2 月中国疫情紧张之时，世界多个国家都对中国伸出援手，捐助物资。其中，日本寄来的医疗物资箱上“山川异域，风月同天”的诗句令中国民众十分感动。之后，日本疫情形势严峻之时，中国也向日本伸出了援助之手。中国驻名古屋领馆向名古屋市立东部医疗中心捐赠医用外科口罩的物资箱上写有“霧尽風暖、桜花将燦（雾尽风暖，樱花将灿）”的字样。此处引用了日本著名俳句诗人小林一茶的俳句“花の陰あかの他人はなかりけり（樱花树之下，没有陌路人）”。

中日两国隔海相望，通过诗歌，中日两国人民的心得以拉近。此时的俳句和汉诗，不再是单纯的文化符号，而是连接两国人民的纽带，是两国人民心灵沟通的桥梁，更是中日两国人民友好往来的佐证。

练习题

一、选择题

1. 被称为全世界最短的诗的是（　　）。

A. 绝句　　B. 川柳

C. 俳句　　D. 和歌

2. 以下哪首俳句是松尾芭蕉所作？（　　）

A. ふるいけや、かえるとびこむ、みずのおと

B. やれうつな、はえが手をすり、足をする

C. うまさうな、雪がふうはり、ふわりかな

D. 柿くえば、鐘が鳴るなり、法隆寺

3. 被称为俳圣的是（　　）。

A. 松尾芭蕉　　B. 小林一茶

C. 与谢芜村　　D. 正冈子规

4. 日本的能乐被称为（　　）的艺术。

A. 幽玄　　B. 枯山水

C. 物哀　　D. 侘寂

5. 有多部以虫子为描写对象的充满对弱者同情的作品的俳句诗人是（　　）。

A. 松尾芭蕉　　B. 小林一茶

C. 与谢芜村　　D. 正冈子规

6. 以下哪些是秋天的季语？（　　）（多选题）

A. たんぽぽ　　B. ひまわり

C. 柿　　D. 紅葉

7. 以下哪些是松尾芭蕉的作品？（　　）（多选题）

A.《奥之细道》　　B.《病日记》

C.《荒野纪行》　　D.《我春集》

8. 能乐面具（　　）。（多选题）

A. 无表情　　B. 演绎喜怒哀乐各种情感

C. 多由桧木雕刻而成　　D. 具有幽玄特征

二、判断题

1. 俳句，是日本的一种古典短诗，由“五、七、五”，共 17 字音组成。（　　）

2. 能面被称为“无表情”。（　　）

三、思考题

1. 请谈一谈俳句与川柳的区别。
2. 尝试创作一首现代川柳作品。
3. 请谈一谈你对“ふるいけや、かえるとびこむ、みずのおと”这首俳句的理解。

第十课　日本的寺院文化

日本寺院众多，风格独特，文化气息浓厚。与中国寺院的清规戒律相比，日本寺院似乎更加贴切平民。近日网上走红的寺院标语、寺院的护符、御朱印等都备受游客青睐，寺院旅店也散发着其特有的魅力。当今日本特有的寺院文化值得深度关注。

一、日本的佛教与寺院

日本佛教为北传佛教，大致分为南都六宗、平安二宗与禅三大类。其中，南都六宗兴起于奈良。平安二宗兴起于京都。禅宗为荣西大师所创，后受武士青睐，为武士的宗教。日本这些著名的宗派大多源自中国，但是有两个著名的宗派却属于日本独创的宗派，就是日莲宗与净土宗。日莲宗讲究“立正安国”，而净土宗则认为，念佛语百万遍者可得道，比如著名的佛语“南无阿弥陀佛”。

日本约有七万五千座寺院，三十万尊以上的佛像。世界最古老的木造寺院法隆寺以及最古老的佛典古文书都保留在日本。日本著名的寺院主要集中在日本的三大古都京都、奈良和镰仓，当然，东京、大阪、名古屋也有人气颇旺的寺庙。以下简要介绍几处著名的寺院及相关内容。

（1）东大寺

东大寺位于奈良，是日本寺院的总寺，于公元 728 年由信奉佛教的圣武天皇建立，是日本华严宗大本山，世界文化遗产。

（2）金阁寺

金阁寺是足利义满的府邸。在《聪明一休》中，被一休气得火冒三丈的那个将军的原型就是足利义满。

（3）浅草寺

东京的浅草寺内主供圣观音。相传因三位渔民出海捕鱼时捞起了一座约 5.5 厘米高的金观音小雕像，才修建了这座庙宇。浅草寺的象征是入口处的风雷神门，左右分别是镇守寺院的风神和雷神。

（4）唐招提寺

我国唐代鉴真和尚历经劫难东渡日本的故事大家都耳熟能详，唐招提寺就是由鉴真和尚主持建造，历来备受关注。

图 1　唐招提寺（王国强拍摄）

（5）总本山

所谓总本山、大本山是指日本佛教某一宗派内地位最高的寺院。一些总本山、大本山也是游客追捧的地方。

此外，在日本，有两名高僧尤其在普通民众之中举足轻重。其中一位便是空海法师。空海西行中国学习佛法，回到日本在高野山创立了真言宗教派，又被称为弘法大师。高野山远离尘嚣，也是日本著名的灵场，其中供奉着织田信长、丰臣秀吉、德川家康等人的灵位。与空海齐名的另一位高僧就是最澄，他创立天台宗。天台宗的延历寺最为著名的就是一千两百年不灭的法灯。最澄和空海两个人堪称日本本土的“双子星”，在日本普通人心中就象征着日本佛教。

二、日本寺院的职能

在日本，一般来说，降生去神社，结婚去教堂，葬礼去寺庙。近些年来，民众拜访寺院的目的已经不是简单的葬礼法事等，观光旅行、新年参拜等也为数颇多。以下介绍当代日本寺院的一些参观礼仪。

与国内一样，一般日本民众会到寺院拜佛求福。日本的寺庙或神社一般不烧香，寺庙作简单的双手合十参拜，神社则有鞠躬、拍手、摇铃、祈愿等参拜动作。

在日本寺院里向功德箱里投钱时是有讲究的。中国国内纸币硬币各种面值的都可投，但是对于日本人而言，一般来说五日元才是最佳选择。因为日语中五日元的读法和“缘”的读法一样，谐音有缘之意。但是切记，不要投十日元，因为日语中十日元谐音的意思表示远离缘分之意。

图 2　日本的寺院（王国强拍摄）

除夕夜，日本的寺庙里都要敲钟，最多的要敲 108 下，以此为人们消除各种灾祸和烦恼。因为每敲一下都需要等上次的钟声完全静下来才行，所以敲 108 次大约要持续一个小时。据说，敲钟时要在除夕夜零点之前敲 107 次，剩下的一次在零点之后敲，这样，就可以不再受过去一年的旧烦恼所干扰，可以无忧无虑地迎接新年。

日本人新年要去著名的寺庙或者神社参拜。浅草寺门口经常可见几千人的参拜队伍。而且，新年第一天也是日本女性穿和服最多的一天。一家人穿上漂亮的和服一起去神社或寺院参拜，是日本人保留至今的一大习俗。

新年拜佛源于江户时代，最早拜的是地方守护神（氏神），于己吉利方位的神社。明治中期发展为现在的形式，特别是当今交通发达，人们新年第一拜会去一些距离较远的著名寺院神社。比如在东京，随着京成电铁、京滨急行电铁等的开通，浅草寺就成为热门的祭拜之处。

当然，新年首拜是去寺院还是去神社，对于日本人而言并不是一件冲突之事。可以都去，也可以根据情况选择。

三、寺院的外延职能

1. 日本寺院的地位

佛教在古代日本政治地位高，特别是在公元 9 至 11 世纪的日本，佛教不仅取得了思想领域的绝对统治权，在政治上和经济上也尊踞特殊地位。这种状况一直持续至明治维新时期。目前日本国内寺院数量远比便利店的数量多。但是，其真正财政独立的仅有三成左右。为此不少寺院在传颂佛法道义之余，还会开设寺子屋、小型饭店、旅馆、民宿等。

图 3　世界文化遗产唐招提寺（王国强拍摄）

2. 寺子屋

早年的寺子屋是江户时代寺院兴办的初等教育机构，是由寺院的僧侣出任师傅教授平民子女的教育机构。发展到江户时代后期，已经不限于僧侣，流浪武士等也曾兴办。如今日本很多小学都是由寺子屋改造而成，为现代日本教育的发展做出了不可忽视的贡献。虽然现在面向小学教育的寺子屋已经不存在了，但有趣的是，面向成年人开设的、为成年人解忧除惑的寺子屋反而经常可见。

3. 禅房：日本民宿的主力

日本寺院近些年推出的禅房民宿，费用上相对更加经济，颇受日本民众以及日本国内外游客的青睐，而且日本禅房民宿业还走向了网络平台。比如日本近期就推出寺庙民宿网络订房平台“寺泊（テラハク）”，为游客提供寺庙留宿体验服务，反映出当今日本寺院与时代接轨的趋势。其中位于高野山的惠光院是日本“寺泊”界的“人气担当”，颇受好评。

重点词汇

【法隆寺】

日语：法隆寺　（ほうりゅうじ）

法隆寺，又称斑鸠寺、法隆学问寺等，位于日本奈良县生驹郡斑鸠町，是圣德太子于飞鸟时代建造的佛教木结构寺院，南都七大寺之一。法隆寺分为东西两院，西院保存了金堂、五重塔；东院建有梦殿等，西院伽蓝是全世界现存最古的木构建筑群。1993年，法隆寺被联合国教科文组织列为世界文化遗产。

【初诣】

日语：初詣　（はつもうで）

日本民众过去有在除夕半夜（或新年第一天清晨）去参拜神社和寺庙的习惯，但现在在除夕那天参拜寺庙，听着除夕夜晚的钟声，接着去参拜神社的人似乎有所增多。一般来说，通常会在正月头三天的任意一天祈福一年无病无灾、扫除厄运。由于是一年内最初的参拜，又称作“初参り（はつまいり）”。

【寺子屋】

日语：寺子屋　（てらこや）

日本江户时代，为平民百姓子弟提供阅读、写作和算术等初级课程的民间教育机构。进入中世后，寺庙开始负责日本平民的世俗教育。六七岁起就住在寺庙里学习生活的孩子叫做“寺子”。进入近世后，寺子的教育开始在寺庙之外的巷间进行，但寺子这一说法被保留下来，传授孩子知识的地方被称为寺子屋。

【北传佛教】

日语：北伝仏教　（ほくでんぶっきょう）

佛教在中国、日本、韩国等国家的总称。由印度经过中亚，再往中国、东北亚一带传播，以及由印度传至中国西藏的佛教传统，称为“北传佛教”（或北方佛教），由印度传往锡兰岛，之后经缅甸、印尼传播至南亚、东南亚与中国云南地区的佛教传统，称为“南传佛教”（南方佛教），这一称呼由欧洲佛教学者赋予。

专栏

日本过新年为何要敲钟108次？

日本新年是公历1月1日，那么前一年的12月31日就是除夕（大晦日，おおみそか），这天晚上被称为“除夜（じょや）”。人们在除夜有等待年神（年神様，としがみさま）不睡觉的习惯，而在年神到来以前，人们则会到寺院去祛除身上的“衰气”（お祓い，おはらい）。在这天晚上，日本寺院有敲钟的习惯，这个习俗就被称为“除夜钟”（除夜の鐘），这也是深受佛教影响的过年仪式之一。

根据日本的习惯，大多数寺院通常会在大晦日敲击107下，等到新年第一天零时整点时再敲最后的第108下。所以为了要赶上整点的108下，尽管各个寺院的敲钟时间有异，但许多寺院会在除夕晚上十点多开始敲钟。可为什么偏偏是108下呢？

第一个原因，108是表示烦恼的数字。佛教认为人有眼、耳、鼻、舌、身、意这六根，六根又有好、恶、平（普通）三种状态，6×3就是18种类；这18种类又各自具有“净”（干净）与“染”（污秽）2类，18×2=36类；这36种类分配到前世、今世、来世，36×3=108。按照佛教定义，人有108个烦恼。那么，敲钟108下，也就是为了敲破“百八烦恼”。

第二个原因，108代表一年中的12个月、24节气、72候的总和就是108。

第三个原因，108表示四苦八苦。为了远离“四苦八苦”（四苦八苦的日语发音：しくはっく，与4989相近），4×9+8×9=108。“四苦八苦”原是佛教用语，指人生所有的苦难。现引申为千辛万苦、所有的苦恼、非常苦恼的意思。四苦指生、老、病、死；八苦是在四苦上加上：爱别离苦、怨憎会苦、求不得苦、五阴炽盛苦。

有关这个数字的多个版本的说法，很难说哪一种说法是对是错，但“烦恼说”被民众接受的比例应该大一些。无论是哪一种原因，都反映了日本人通过这108下钟声驱走霉运，祈求神佛保佑来年顺顺利利的愿望。然而，敲打108次并非铁律，有些寺院也敲200多次。

思政小知识

唐招提寺是日本律宗的总本山，坐落在奈良县奈良市五条町，是中国唐代高僧鉴真和尚亲手兴建的盛唐时代建筑风格的寺院，所以被誉为中日友谊之寺院。

在中日文化交流中有着浓墨重彩的一笔，除了唐招提寺之外，中日之间还可见很多交流痕迹。

比如，日本名校东北大学校园中赫然矗立着鲁迅先生的雕像，一直以来都是中日友好交流的重要象征。“阶梯教室”“鲁迅纪念馆”等都是东北大学校内引人注目的地标。而在京都岚山则屹立着“周恩来总理纪念诗碑”——《雨后岚山》，该诗碑成为传承发扬周总理“和平遗产”的又一纪念场所，为两国人民友好交流、展望中日关系提供了难得的机会。

在中日交流之间，很多前人都作出了积极的贡献，中日之间有着各种难以切割的关联，渊源颇深。

练习题

一、选择题

1. 与中国鉴真和尚相关的寺院是？（　　）

A. 金阁寺　　B. 东大寺

C. 法隆寺　　D. 唐招提寺

2. 起源于奈良的是（　　）。

A. 南都六宗　　B. 平安二宗

C. 禅　　D. 天台宗

3. 世界上最古老的木造寺院是（　　）。

A. 东大寺　　B. 金阁寺

C. 法隆寺　　D. 浅草寺

4. 在日本寺院内向功德箱投钱时，不能投多少面值？（　　）

A. 5 円　　B. 10 円

C. 50 円　　D. 100 円

5. 日本华严宗大本山兼世界文化遗产是（　　）。

A. 东大寺　　B. 金阁寺

C. 法隆寺　　D. 浅草寺

6. 日本的佛教双子星指的是？（　　）（多选题）

A. 最澄　　B. 荣西

C. 慈圆　　D. 空海

7. 日本独创的佛教宗派有（　　）。（多选题）

A. 临济宗　　B. 日莲宗

C. 净土宗　　D. 曹洞宗

8. 日本著名的寺院主要集中在哪三地？（　　）（多选题）

A. 京都　　B. 奈良

C. 镰仓　　　　　　　　D. 名古屋

二、判断题

1. 佛教在古代日本政治地位高，但在明治维新以后失去了原有地位。（　　）
2. 拥有一千两百年不灭的法灯的是天台宗的延历寺。（　　）

三、思考题

1. 谈谈你对日本寺院的一些感想。
2. 调查下日本和尚与中国和尚在生活习惯上的区别。
3. 你知道有哪些与寺庙有关的日语表达吗？

第十一课　日本的礼仪文化

日本和中国一样，也是礼仪之邦。日本人很注重礼仪，在日本，社会生活中的礼节、礼貌行为被看作是人际交往的重要表现形式，甚至被当作是一个人修养程度的标志。本课以社交礼仪、餐饮礼仪、商务礼仪的分类，分别进行讲解。

一、社交礼仪

日本人经常鞠躬，例如学生上课前要集体向老师鞠躬，跟人打招呼时也鞠躬，道歉或道谢时都要鞠躬等。鞠躬在日本作为一种社交礼仪，是必不可少的。日本人鞠躬时，女性双手交握于腹前，一般是左手盖在右手上。男性手贴裤线或双手手心向内垂于身侧。鞠躬前和结束后要看对方，但是鞠躬的过程中视线跟随身体自然向下。鞠躬的过程也较缓慢，弯腰到最大角度后有少许停顿，然后慢慢起身。鞠躬时使用腰部弯腰，头部角度不变，不仰头也不低头，上身基本保持直线。根据弯腰鞠躬的深浅不同，表示的含义不同，使用的场合也不同，弯腰越低表示的敬意或歉意越高。鞠躬 15 度左右时，视线在前方三米左右，在早上打招呼等场合时使用。鞠躬 30 度左右时，视线在前方两米左右，店员迎客时的鞠躬大多为这个角度。鞠躬 45 度左右时，视线在前方一米左右，常在道谢、道歉时，以及店员送客时使用。弯腰 90 度左右时，要稍微弯曲膝盖，表示的敬意最高，但要注意不能过度使用，过度使用反而会有相反的效果。

在我国，为了表示尊敬和礼貌，跟对方说话时要尽量看着对方的眼睛说话，而在日本，跟对方交谈时不能一直直视对方的眼睛，盯着对方的眼睛看被认为是不礼貌的行为。日本人在日常生活中会尽量避免和他人有直接的视线接触，需要有视线交流时，也不会盯着对方的眼睛，一般会将视线落在对方眼睛下方，鼻子附近。

在日本，人们都很遵守公共秩序，例如购物或等车等人多的情况时，日本人会自觉地排队，很少有插队的情况发生。

而与人有约定时，一定会按时到达，迟到被认为是非常不礼貌的表现。如果可能会迟到，一定会提前跟对方联系。日本人非常遵守约定，如果跟对方约定好在某处见面或坐某辆火车、公交到达，一定会按约定执行，不能因为临时发现有另一辆更快到达的公交或地铁就改变行程，这样会导致对方因找不到人而焦躁不安，也很不礼貌。

如果临时改变行程，一定要提前联系对方。在公交或地铁上，出于礼貌，不可以用手机通话，不过不出声地看或操作手机是可以的。在老弱病残孕专席旁边还需要关掉手机，这在地铁或公交上都会有提示。日本人在公交、地铁以及图书馆等公共场所交谈时，为了不打扰到旁边的人，都会尽量小声说话，基本不会出现大声谈笑的情况，大声说话被认为是没礼貌的行为。

图 1　日本人饭店门口自觉排队
（朱琳拍摄，2007 年 7 月 28 日）

日本的车辆方向盘在右边，行驶时靠左侧，这一点跟我国行驶时靠右侧是相反的。如果要超车，需要从右侧超车。开车拐弯时，如遇到行人，作为礼仪要礼让行人。在日本闯红灯的情况非常少见，就算是没有车辆通行的路口，人们也会等到绿灯亮起后才过马路，这是日本人礼仪的体现，也是他们从小就被教育要遵守秩序的结果。

在日本，进入室内一般都要换鞋。日本的小学、中学等学校，进入教学楼、体育馆等楼宇大多都要换上室内的鞋子，这种情况换的鞋不一定是拖鞋，也有可能是专门用来室内穿的布鞋、运动鞋等室内鞋。在入口处会有一排柜子，供学生放置外面穿的鞋子或在楼内穿的鞋子；去寺庙等地观光旅游时，如果寺庙里的房间是木地板，大多也会要求游客脱鞋，换上在寺庙里专用的拖鞋后再进入。在日本人家里一般都穿拖鞋，如果是榻榻米房间则直接穿袜子行走。而进入到家里的厕所一般要换上在厕所里专用的拖鞋，作为礼仪，不能穿着别的拖鞋走进家里的厕所。

二、餐饮礼仪

日本人在就餐前后都要说一句固定的话，就餐前要说“我要开始吃了/我动筷了”，日语是“いただきます”，就餐后要说“我吃饱了”，日语是“ごちそうさまでした”，

说的同时要两手合掌放于胸前。这是为了表达对于给予人类食物的神、种植食物的农民、制作食物的厨师、将要被吃掉的食物等，与眼前的食物有关的所有的人或物的感谢。日本文化中认为万物皆有灵，饭前饭后说的这两句话代表了人类是“受到了动植物的恩惠才有食物吃的心情”，并对它们生命的付出表达感谢的意思。同时，在表达要珍视食物、感激大自然的心情外，也表示感谢农民和其他劳动者的付出。

在日本，吃饭时是分餐制，就算是一家人坐在同一张桌子上吃饭，也是各自有一套独立的餐具，以及相同的餐食。

图 2　酒店里一人份的食物

（朱琳拍摄，2006 年 10 月 18 日）

吃饭的时候，要端起饭碗，低头就着桌上的饭碗吃饭是不礼貌的行为。还有一点需要注意的是，在日本，吃面的时候要发出声音。在我国，吃东西时发出声音是不礼貌的行为，但是在日本，吃面时发出声音是为了表示面很好吃，声音越大就越表示面好吃，也是表示对制作食物的厨师等的尊重。

在日本，吃饭时不能大声说话，尤其是在餐馆、食堂等有很多人就餐的地方，为了不给旁边就餐的人造成麻烦，要用只有坐在一起吃饭的人才能听到的音量小声交谈。

用筷子吃饭的文化是从中国传到日本的，但在日本，放置筷子的时候，需要筷子尖朝左，横着放置，这与我国餐桌上筷子竖着放是不同的。

三、商务礼仪

日本是注重礼仪的国家，在与日本的经贸交流日趋频繁的现在，商务礼仪变得尤为重要，尤其是一些细节容易引起误解或心理上的不适以及交流不顺畅。下面介绍几点较为重要的商务礼仪。

首先，着装要得体，男士多为西装，就算是夏天也大多穿薄的西装或衬衫，不能穿 T 恤等过于休闲的衣服。女士穿较正式的服装，头发颜色不能过于鲜艳，妆容不要过于浓艳。佩戴的首饰以得体为主要目的，不要过多。

其次，进门前需要先敲门，注意在日本敲门大多是敲两下，而不是国内大多敲三下。敲太多下会被认为在催促对方，也不要敲的声音太大。如果对方没有回应，可以过一会儿再敲两下。听到对方应答后，先说“失礼了”，日语是“失礼します”，然后才能开门进入。进门后要先鞠躬打招呼。如果对方是上级，或者面试等情况，在对方说请坐之前不要擅自坐下。坐下后不要跷二郎腿。离开房间之前，也要转身鞠躬，说“告辞了”，日语也是“失礼します”，然后才能出门、关门。关门时不要背对着对方。

在日本，名片在商务活动甚至日常生活中都发挥着非常重要的作用。交换名片时也有几点需要注意的礼仪。首先交换名片的顺序是，职位低的人先向职位高的人递名片，到访者先向对方递名片，与上司同行时让上司先交换名片。递名片时，双手将名片递出，名字朝向对方，以示郑重。接收名片时，一般仍是双手接收。同时交换名片时，右手递出自己的名片，左手接对方的名片。拿到对方名片后，要说“见到你很高兴”等，并确认名片上的名字、工作单位等信息。可以轻读出声，以示尊重之意。尤其是姓名的读音，因为日本人姓氏较多，发音复杂，对初次见面的人一定要确认对方的姓名读音，第二次见面再读错名字的话，会是很失礼的行为。交换完名片之后，要将收到的名片放在名片夹最上方。

重点词汇

【鞠躬】

日语：お辞儀　（おじぎ）

指低下头问候。行礼，敬礼，鞠躬。

【商务礼仪】

日语：ビジネスマナー

商务礼仪。“商务”源自英文 business（商业，生意，商务），“礼仪”源自 manner（方式，态度，规矩的组合）。

【爱心专座】

日语：優先席　（ゆうせんせき）

爱心专座，即公交车以及地铁等公共设施处设置的老幼病残孕专座。

【いただきます】
日本人在饭前常说的一句话，饭前礼仪，含义是“那我就开始吃了”。

【ごちそうさまでした】
有两个含义。一个是日本人在饭后常说，表示我吃饱了。第二个意思是在别人家吃饭或者别人请吃饭的时候，饭后表示感谢。谢谢热情款待。

专栏

日本的家庭礼仪与儒家礼文化

中国作为礼仪之邦享誉世界。一直以来儒家礼文化对人们的行为规范以及道德品质提升起着非常重要的作用，是我国开展礼仪教育重要的理论依据。“礼”是孔子思想体系中的一个重要组成部分，也是社会和平不可缺少的东西。《论语》中有七十多处提到了“礼”，儒家礼仪精神可以归纳为“仁”“礼”“诚”和“敬”。子曰：“人而不仁，如礼何？人而不仁，如乐何？”（《论语·八佾》）等。由此可以看出自古以来中国就十分重视礼仪的问题。中日两国作为隔海相望，一衣带水的邻国，在文化层面有非常深的交流。中国的传统文化在中日跨海交流中传入日本，对日本产生了很大的影响。

礼仪教育是日本家庭教育内容的重要组成部分，家长在孩童会说简单的词语开始就手把手教孩子一些最日常的礼貌用语以及行为规范。日本从古代开始就与我国保持着密切的文化交流，日本吸收和发展了我国儒家文化，其中也包含礼文化。明治天皇认为唯有儒学为经世致用之学，他从小就开始学习我国典籍，比如《大学》《孝经》《孟子》《论语》。日本的儒学讲师元田永孚，也十分崇尚我国传统儒学思想，多次向天皇进言应推崇传统儒学。儒家文化作为日本文化的根源，在传入日本之后与传统相结合形成了日本独特的礼仪文化。

思政小知识

日本的礼仪文化，早期很多是从中国传入的日本。例如吃饭时的分餐制，后期可能受西方文化影响较大，但最初是由中国的分餐制传到日本后流传下来的。

在春秋战国及更早时期，人们吃饭都席地而坐，食物放在低矮食案或身边的地上，每人一份，各吃各的。到了唐朝，民风开化，森严的等级和礼制观念也逐渐弱化，分桌而食的绝对分餐制又进化成了相对分餐制——会食制，即众人围坐于一桌，但各自配齐一套专属食具。隋唐时期，日本派遣大量的遣隋使、遣唐使来中国，学习中国的语言文化，而分餐制也传到了日本。

日本其他的礼仪文化，例如用筷子进餐的文化，进餐时不大声说话由来于《论语》中的“食不语，寝不言”等，都是我国文化传入的日本。另外，对人的称呼要加上敬称以示敬意，以及日语中的敬语体系，起源也是中国传统文化。公元 5 世纪至平安时代末期，即儒学典籍东渡之后，儒家思想在日本有了明显发展。中国的《论语》《礼记》等古籍包含谦敬礼让的理念及尊老爱幼的说话方式，对日语的敬称和敬语体系有着深远的影响。

虽然日本的很多文化源自中国，但是随着后来中国和日本文化的逐渐演变和细化，日本和中国的文化出现了不同，直至今日日本的礼仪文化与我国的礼仪文化有了很多细微的差别。

练习题

一、选择题

1. 在日本，什么时候需要鞠躬 15 度左右？（　　）

   A. 店员迎客和送客　　B. 表示道歉

   C. 表示道谢　　D. 早上打招呼

2. 在日本，道谢时，最常用的鞠躬方式是弯腰多少度？（　　）

   A. 15 度　　B. 30 度

   C. 45 度　　D. 90 度

3. 在日本，跟对方约好，但要临时改变行程，需要做什么？（　　）

   A. 立刻联系对方，通知要改变行程

   B. 不用通知对方，反正到了能很快找到

   C. 快到约定时间再联系对方

   D. 是否联系对方都可以

4. 在日本，坐公交和地铁时需要注意什么？（　　）（多选题）

   A. 不能大声谈笑

   B. 不能打电话，但可以不出声地看和操作手机

   C. 可以打电话，也可以看和操作手机

   D. 老弱病残孕专席旁边需要关掉手机

5. 日本的餐饮礼仪包括以下哪几点？（　　）（多选题）

   A. 需要拿着碗吃饭　　B. 不能拿着碗吃饭

   C. 筷子竖着放　　D. 筷子尖朝左横着放

E. 吃面的时候不能出声　　F. 吃面的时候要出声

G. 吃饭时不能大声说话

6. 日本商务礼仪中，进门前后需要注意什么？（　　）（多选题）

A. 敲两下门　　B. 敲三下门

C. 进门前要说“失礼了”　　D. 进门前不需要说话

E. 敲了门就可以直接进去　　F. 敲门后听到对方应答才能进

G. 进门后可以直接坐下　　H. 对方同意自己坐之后才能坐下

二、判断题

1. 日本车辆行驶时靠左侧。（　　）
2. 在日本，不管任何场合都要鞠躬 90 度。（　　）
3. 交换名片时一定要双手递出和拿取，不能用单手。如果要同时交换名片，要先交给对方自己的名片，再拿对方的名片。（　　）
4. 在日本，进室内后都要换拖鞋。（　　）

三、思考题

1. 请论述日本餐饮礼仪有哪些。
2. 请思考日本礼仪文化与中国的礼仪文化有哪些不同。
3. 请论述日本礼仪文化中令你感到意外的地方。你是怎么看待这些礼仪文化的呢？

第十二课　日本的化妆文化

一、日本化妆文化的现状

在中国，日常生活中很多女性选择不化妆或化淡妆。但在日本，几乎没有不化妆的女性，她们即使是下楼扔垃圾也会提前化好妆，这说明化妆已经成为日本女性的一种生活习惯。化妆对于日本女性来说，就像是每日洗脸刷牙一样，是一种日常习惯。日本女性化妆是因为她们认为化妆是一种礼貌的行为，以此来表示对对方的尊重，同样，她们认为素颜出门是一件有失礼貌的事情。尤其是对日本职场女性来说，化妆不仅提升气色，使自己看起来更健康，更是体现了对客户的尊重，化妆与否甚至成为衡量其职业操守的标准之一。2017 年，日本宝拉文化研究所（ポーラ文化研究所）对日本 1 800 名 15 岁—74 岁女性进行了化妆行为意识的调查，调查数据显示对化妆有着较高追求的人数最多，占整体人数的 54.6%，而这部分人大多热爱生活、爱自己，并且乐于助人。不仅如此，在日本还有很多老年人和男士也会精心打扮后才出门，可以说日本的化妆文化已经是一种国民文化了。

在日本，化妆知识的普及是化妆非常流行的原因之一。例如，遍布大街小巷的药妆店、百货大楼的化妆品专柜、各种化妆品品牌的网页及现场的推销人员都会细致地介绍大致的化妆流程。去过日本药妆店或者是百货大楼化妆品专柜的中国游客应该都有过这样的体验：大部分的化妆品专柜会有测试皮肤的仪器供顾客使用。该仪器可以测试出当前的皮肤年龄、面部水分、皱纹状态等。不仅如此，仪器还会给出非常详细的百分比数字。在经过测试后，店员会根据测试的结果推荐合适的护肤品，并且在现场给予免费的化妆指导。

二、日本化妆文化的历史

日本女性的化妆历史非常悠久，起源于平安时期。据《源氏物语》和《枕草子》记载，这个时期，遣隋使、遣唐使将中国隋唐的化妆文化带去日本，又经日本人改造，以唇红肤白，粉妆玉琢为美。这种妆容风格一直流行至明治维新时期。

白粉最早出现在《日本书记》中，那个时期的白粉别名又叫做铅粉、脂粉、胡粉。之后曾一度流行用“京白粉（きょうおしろい）”。但不论是哪种粉，其原料都是以铅

为主，这种粉一直使用到昭和时期。因为长期擦铅粉极易造成铅中毒，所以在 1934 年，日本全面禁止使用铅为原料来制粉。

黑齿在我国的《魏志倭人传》《后汉书东夷列传》以及日本的《古事记》《平家物语》等古书中均有记载。黑色的牙齿被认为是健康卫生以及美丽整洁的象征。此外，日本女性在化妆时还会在唇部中央画一点红。红色在日本传统文化中是崇拜太阳和驱除恶魔的颜色，当然也能够突出女性的艳丽。

平安时期眉毛则流行“殿上眉（テンジヤウ）”，即将自己原有的眉毛刮掉，在上面用墨画两个圆点。据说这也是受中国绘画的影响，以眉间隔远为美。不仅是女性，男性贵族也是这样的妆容。白粉、红唇、墨眉构成了“白、红、黑”三种化妆的基本颜色。

在 1868 年明治维新之后，日本走上了全盘西化的道路。上自政府，下至民间，生活的方方面面都在模仿欧美，化妆也不例外。在 1923 年关东大地震之后，欧美妆容开始流行起来。当时被称作时髦女郎（モダンガール）的女性开始在唇部涂满口红，并画眼线、剪头发。这在当时虽颇受批判，但在此之后日本女性仍以欧美女星的妆容为范本，整体上的妆容风格偏浓烈艳丽。

20 世纪 50 年代末期，日本经济进入高速增长时期，经济增长给当时的日本人带来了极大的自信。这种自信在妆容上的体现则是粉色系的粉底，大红色唇膏，深色眼线、睫毛膏开始流行。进入 20 世纪 60、70 年代后，健康活泼的妆容广泛流行起来，其主要使用橙色系、黄色系的粉底，粉色系的口红，明亮的腮红等。

20 世纪 70 年代后期，日本设计师开始在巴黎时装展示会上得到认可。日本模特也开始在国际舞台上受到欢迎，这使得日本人重新审视自己的传统美。20 世纪 70 到 80 年代，“自然妆”广泛流行。创立于 1872 年的日本著名化妆品品牌 SHISEIDO（资生堂）于 1973 年首次启用纯日本血统的广告模特山口小夜子。山口的标志性特征是她那浓黑细长的眼线。此外，厚重的齐刘海、艺妓白面妆、细长的双眼和红唇也成为体现日本的传统美的妆容。

20 世纪 90 年代前后，日本化妆品界开始注意到紫外线对皮肤的伤害，美白产品开始流行，与之相应的白色系粉底销量大增。进入 20 世纪 90 年代中期，泡沫经济崩溃，这使得“治愈妆”备受青睐。这种妆容强调零妆感，人们不再青睐大红色唇膏，肤色唇膏开始流行。21 世纪初期，逐渐多样化的妆容风格体现了人们追求个性和自我的倾向。然而，美白及清新自然的妆容依然占据主流。

综上，日本的化妆历程大致分为以下几个阶段：上古时期，化妆最初是巫女为了接近神的一种行为；中古时期，化妆是为了区别贵族和百姓；中世时期，武士出征时会化淡妆；近世时期，化妆文化以妓女（遊女）为中心进一步发展；近代之后，开始进入女性化妆全面化时代。

三、日本化妆文化的特色

经过一千多年的历史沉淀，日本妆容逐渐形成了独特的风格。其特点大致有如下三点：

一是追求白，肤白为美。这体现了日本文化中的色彩崇拜。由于受神道的影响，古代日本将白色视为神圣的颜色，被称为“白无垢”，从古至今都备受尊崇。白色同样发展为婚嫁的用色，在日本传统婚礼上的新娘会穿白色和服，涂厚厚的白粉。此外，白色也是艺伎妆容的底色，是最能够体现传统美的颜色。

二是清新自然。这体现了日本人崇拜自然的民族性。日本是南北狭长的岛国，大多数地区四季分明。他们喜爱春天的樱花、夏天的萤火虫、秋天的红叶和冬天的雪……这些都不同程度地体现了日本人对自然的热爱。此外，日本地震和海啸频发，因此他们对自然始终怀着一种敬畏之情。不仅如此，日本人喜欢吃用当季食材做的饭菜，就连日本的电视连续剧也是按照四季制作的。这种崇尚自然的情结也反映在了妆容上。

三是妆容呈现日系软萌态。这体现了日本“男主外，女主内”的传统文化。日本女性结婚生子后大多都会辞掉工作，选择回归家庭相夫教子，所以妆容偏温婉可爱。这种可爱萌妆有着很强的治愈效果，备受日本男性欢迎。“治愈系”一词是日本在1999年后半期出现的词语，原指电视上能让人感到平静、治愈、舒畅的女性艺人，后来扩大到妆容风格层面。由于日本男性肩上背负着养家糊口的重担，再加上日本快速的生活节奏，这使得他们在生活中有着追求“治愈”的倾向。

近年来，日本高档男性化妆品的销量出现大幅度增长的趋势。据日本民间调查公司富士经济称，2013年，面向男性的化妆品市场预计比2012年增加4%。美白和抗衰老产品最受男性消费者欢迎，现在日本正迎来一个全民化妆的时代。

重点词汇

【《日本书纪》】

日语：『日本書紀』　(にほんしょき)

成书于公元720年，共三十卷，是日本留传最早的正史，也是日本六国史之一。《日本书纪》与《古事记》合称为“记纪”。

【《古事记》】

日语：『古事記』　(こじき)

成书于公元712年，是现存最早的史书，分为上、中、下三卷。作品讲述了日本建国的神话传说，以及从神武天皇到推古天皇的历史。

【《源氏物语》】

日语：『源氏物語』　（げんじものがたり）

成书于日本平安时代中期的一部长篇小说，作者为紫式部。《源氏物语》以日本平安王朝全盛时期为背景，描写了主人公光源氏的生活经历和爱情故事。

【《枕草子》】

日语：『枕草子』　（まくらのそうし）

成书于日本平安时代中期的一部随笔集，作者为清少纳言。与鸭长明的《方丈记》、吉田兼好的《徒然草》并称为日本三大随笔集。

【白无垢】

日语：白無垢　（しろむく）

指从内到外全是白色的和服。明治时期之前，白色作为神圣的颜色被用于祭祀服装，后逐渐演变为新娘的礼服。

【殿上眉】

日语：殿上眉　（てんじょうまゆ）

指将原有的眉毛拔除，并在更高的位置画上椭圆形的两个墨点的画眉方式。

专栏

古代日本女性为何以“染黑齿”为美？

现代人普遍希望拥有一副洁白的牙齿，从美白牙膏、牙齿美白贴到口腔诊所的各种牙齿美白项目都能看出，唇红齿白是美的标准。但古代日本曾出现过崇尚黑齿的文化，成年女性会用黑色的颜料把牙齿涂黑，将其称为“お歯黒”（Ohaguro）。

日本的染黑齿文化可追溯至古坟时代（公元250年—592年），考古学家在当时的陶器上发现了黑色牙印。日本的平安时期的文学作品《源氏物语》中有这样的描述：紫姬年幼时并未染齿，直至被光源氏收养后，外祖母将其牙齿染成黑色，让她看起来“更美丽了”。之所以染齿，是因为她已被贵族收养。由此可见，染黑齿在当时是达官贵族的行为。

在古代，日本人会用一种名为“金水”的混合液体来涂黑牙齿，这种染料掺杂了铁屑、醋、酒等原料，气味刺鼻。由于效果并不长久，因此必须坚持按时涂染，平民百姓根本无法普及。

在日本文化中，白色代表幸福和美好的婚姻，所以不少女性会把脸部涂得雪白。但白色的底妆容易令牙齿显黄，于是她们索性把牙齿涂黑。伴随着染黑齿的潮流，“引眉（Hikimayu）”这一风俗开始出现，即将眉毛剃去或拔去，再涂上颜料。自此，涂白脸、染黑齿、剃眉和红唇就成了古代日本女性的经典形象。

除了掩盖黄牙之外，染黑齿的另一原因据说是为了让牙齿变得更健康，防止蛀牙和其他牙龈疾病。除了贵族，武士们也会把牙齿染成黑色，以证明对主人的忠诚。总之，染黑齿的原因众说纷纭。

进入江户时代（1603 年—1868 年）后，染黑齿的做法逐渐普及。已婚妇女、15 岁以上的女性、艺伎等都是染黑齿的常客。自此，黑色牙齿也代表着一个女人的成熟，成为美的标准。明治维新以后，日本开始全盘西化，政府颁布法例禁止国民剃眉毛和染黑齿。如今，染黑齿这一习俗只有在一些传统艺能表演、历史剧目中才能见到了。

思政小知识

化妆在日本的普及与其历史密切相关。从上古时期的巫女文化到中古时期的维护统治、再到近世时期的妓女（遊女）文化，而在这一千多年的历史沉淀中，中国对日本的化妆文化产生了很大影响。众所周知，唐朝女性的化妆技术也较高，日本在多次派遣唐使来中国“取经”的过程中，引入了“引眉”“白粉”“黑齿”，经过改造后，逐渐形成了独特的日式妆容，即肤白为美、清新自然与温婉可爱。即使是从发展至今日的日本妆容来看，仍然能够从中窥探到日本的传统文化。随着日本化妆文化的不断发展，化妆已经不仅仅局限在年轻女性这一群体当中，男性群体也在逐步彰显出其在化妆方面的消费力。当今世界，越来越强调追求个性和自我，因此日本也迎来了“全民化妆”的时代。

练习题

一、选择题

1. 日本著名化妆品品牌“资生堂”成立于（　　）年。

A. 1872　　　　B. 1874

C. 1871　　　　D. 1873

2. 关东大地震后流行的妆容风格是（　　）。

A. 个性自我　　B. 可爱软萌

C. 浓烈艳丽　　D. 清新自然

3. 日本关于白粉的最早记录见于（　　）。

A.《源氏物语》　　B.《古事记》

C.《枕草子》　　D.《日本书纪》

4. 平安时期流行的眉毛叫（　　）。

A. 一字眉　　B. 殿上眉

C. 柳叶眉　　D. 蛾眉

5. 受神道的影响，古代日本将（　　）视为神圣的颜色。

A. 红色　　B. 白色

C. 黑色　　D. 紫色

6. 山口小夜子所体现的日本传统美的要素有哪些？（　　）（多选题）

A. 细长的双眼　　B. 齐刘海

C. 白面妆　　D. 红唇

7. 在平安时期，日本女性的妆容以（　　）为美。（多选题）

A. 唇红齿黑　　B. 唇红齿白

C. 粉妆玉琢　　D. 自然淡妆

8. 日本近代以前妆容的基本颜色是（　　）。（多选题）

A. 白　　B. 黑

C. 红　　D. 紫

二、判断题

1. 京白粉的原料是钙。（　　）

2. 日本女性认为，化妆是对对方的礼貌及尊重，不化妆见人是一件很失礼的事情。（　　）

三、思考题

1. 请思考化妆与自我认知的关系。

2. 请调查日本的几种特殊妆容，并思考它们所反映的审美情趣。

3. 20 世纪 90 年代曾一度流行小麦色妆容，请思考为什么这种妆容没能够成为主流？

4. 请比较中日妆容的异同点并进行说明。

第十三课 《千与千寻》中的日本传统和现代文化

一、宫崎骏与《千与千寻》

宫崎骏于 1941 年 1 月 5 日出生于日本东京，大学毕业后进入动画制作行业，之后成为世界知名动画梦工厂吉卜力工作室的核心人物。宫崎骏的作品，不仅是动画中的人物形象充满魅力，其绚丽的色彩及构图的独特性也令人心旷神怡。他所创作的动画，对儿童来说简单易懂，而对成年人来说又是发人深省的。其每部作品的题材虽然不同，但是所表达的内涵却不得不令人深思。可以说他是将动画作品提升到人文高度的思想者。据日媒报道，2020 年底，《千与千寻》原本的票房纪录达到了 316.8 亿日元。

宫崎骏在《千与千寻》的电影采访中说："我们生活在一个'娱乐'泛滥的社会。成年人使用快乐来填补空虚的内心，儿童亦是。过剩的娱乐使他们的创造力减退。在平和的社会生活中，让孩子展现自己的潜能并独自解决面对的困难是不现实的，只有好的电影才能成为孩子们的学习对象。就是这个信念，促使我制作了这部电影。"宫崎骏的这段话一针见血地指出了我们生活在一个娱乐至死的社会。尼尔·波兹曼在《娱乐至死》这本书中指出，"我们的问题不在于电视为我们展示具有娱乐性的内容，而在于所有的内容都以娱乐的方式表现出来。"而宫崎骏正是通过在娱乐中加入了思想，为我们在娱乐至死的世界中保留了思考的能力。

《千与千寻》通过神祇、魔法、奇遇等元素构建了一个奇幻世界。电影主要讲述了胆小瘦弱的十岁女孩公荻野千寻在和父母一起搬家途中不慎进到了这个奇幻世界。在这个奇幻世界的入口处，父母因贪吃变成了猪。为了将父母救出，千寻在这个充满风险和困难的世界里，经历了前所未有的丰富体验与多样的人际关系。千寻第一次遇险时，白龙帮助了她，并告诉她要想在这个世界生存下来，只能请求这个世界的主宰者汤婆婆给她工作。为了得到工作，千寻只能任由汤婆婆剥夺了她的名字，做最脏最累的工作。虽然这个世界充满了金钱和欲望，但是千寻始终摒弃过多的欲望，坚持用自己的纯真善良的心对待他人，最终收获了可贵的友情，拯救了白龙并救出了自己的父母。

张曦在“做伦理学:《千与千寻》与伦理学”(《哲学动态》，2019 年）一文中指出，宫崎骏动画作品的共同主题是“主要角色如何实现自身能动性（agency）或主体性（subjectivity）的扩充与重建”这一问题，即个体不应该在既定的环境中“被养成”，而是要学会如何在偶然性因素的裹织下重建自我、获得成长。《千与千寻》将一个平凡懦弱的女孩一步步塑造成为了“英雄”，让她在磨炼中成长，在成长中学会去爱。这部影片无疑对千千万万在父母、老师的“过度保护”下成长起来的女孩们是一个警醒与鼓励。

二、《千与千寻》中的日本传统文化

作品舞台“油屋”是一个供各路神灵享受的洗浴场所，是日本温泉文化的生动体现。多火山、多温泉的独特地理地貌造就了独具日本特色的“温泉文化”。据日本环境省统计[①]，截至 2020 年，日本全国共有 27 970 个温泉源泉，2 934 所大小规模的温泉地，温泉旅馆 12 924 家，仅 2020 年度在温泉旅馆住宿的日本国民就有 7 000 多万人次，达日本总人口的半数以上，日本人的温泉情节与他们始终崇尚的“人与自然和谐统一”的理念联系紧密，也与接下来要讨论的神道教的主张息息相关。

《千与千寻》中另一个较为突出的日本传统文化特色是神道元素。神道即自然崇拜，号称有“八百万众神”，又有“一个米粒上有七个神仙”的说法，用来比喻神明无处不在，即日本的泛神论，也叫万物有灵论。这是大和民族崇拜自然的一种表现。《千与千寻》中的河神、萝卜神、春日神以及叫不出名字的各路神仙正是神道教中八百万众神的具象化体现。日本人的自然崇拜由来已久，从日本最早的古籍《古事记》的相关记载中可以看出日本人认为包括神明在内的世界是自然形成的，日本的国土与自然是伊邪那岐与伊邪那美二神交合诞生而成，可以说日本的国土与自然就是神本身。于混沌中出现的初代神明被认为是岛国最早的居民，他们也选择隐身与自然融为一体，所以源于日本神话的本土宗教神道是自然崇拜，号称八百万众神的神们并不像中国的神灵那样是道德主体，他们是自然的存在。这种日本的多神教信仰与古希腊神话相似，与基督教的一神教不同，它在生成与发展的过程中孕育着多元性，不仅有对人类起源、农业及火的产生的叙述，还包含对人性、生死以及善恶的思考，从日本创世神话中也能够看到其文化的多元性与兼容性。

此外，影片中还出现了日本民间中的神隐文化。影片的日本名字是“千与千寻的神隐”，预示了神隐文化在影片中的重要性。神隐是被神隐藏，去向不明的意思。日本民间相信有时候小孩子会被神明藏起来，被神藏起来的孩子会突然失踪，怎么都找

① 此数据援引自据日本环境省 2021 年关于温泉资源和利用状况的统计数据：https://www.env.go.jp/nature/onsen/pdf/2-4_p_1.pdf-4_p_1.pdf（env.go.jp）。登录时间：2022.12.26。

不到，两三天后又会突然回家。而这些被藏起来的几乎都是小孩子，这也是千寻的父母一进入神界就变成了猪，而返回现实世界后对在神界发生的事情浑然不知的原因。影片中浴场的员工蛙人也与日本民俗传说有关。日语中“蛙”和“帰”谐音，都读“カエル”（kaeru），在民间传说中“カエル（kaeru）”有表示钱财回来、平安归来、福气归来、好运回来、失物复得等象征意义。

三、《千与千寻》中的现代日本社会

千寻与父母闯入的异世界是破败的主题公园的遗址，这样的主题公园在日本经济高速发展时期被大量建设，然而在20世纪90年代日本经济泡沫崩溃后又被废弃。《千与千寻》中对这样的主题公园的启用正是反映了泡沫经济崩溃后的日本社会的缩影。而神灵们在“油屋”以消费的方式获得所需服务则体现了现代日本社会被资本化、金钱化的特征。作为商业之都的油屋同时也成为了一个和平之家。它能驯化人与各路神灵的不同欲望，将一切人类的欲望和态度都收归到消费和积累财富的活动上来，这也是资本主义社会最大的特征。

汤婆婆以契约的方式购买和支配劳动力，这个做法是传统日本社会中没有的。众所周知，日本自弥生时代就进入了农耕社会，这与欧洲地中海周围形成的商业社会注重契约的生存方式不同，农耕社会是注重集体主义的社会。汤婆婆通过契约方式与员工签订劳动合同的做法正是日本在学习西方资本主义的过程中形成的。对于愿意通过契约出卖劳动力的人，她通过剥夺姓名的方式控制对方。剥夺姓名则是要使人丧失身份，即被无名化、原子化，这也体现了现代日本社会的某种特征，在许多外企公司中，员工需要有另外一个英文名字，这也是现代资本社会中褫夺人的姓名的一种方式，体现了人的工具性。

在影片后半段中出现了汤婆婆的孪生姐妹——钱婆婆。与汤婆婆奢华的“油屋”不同，钱婆婆的家一派田园风光。钱婆婆的家里放着纺织机，停留在前近代的传统农耕社会时代。而经历了以贪婪消费为特征的工业文明后的无脸男则选择留在这个田园牧歌式的钱婆婆家，如果我们立足日本近代史的开端将影片中的无脸男比喻成日本的话，他的停留反映了影片对资本文明的排斥与反抗。此外，工业文明对现代社会的腐蚀还反映在影片中出现的“腐烂神”身上，腐烂神是河流被工业文明所产生的垃圾污染后，身心俱疲的具象表现，河里因充斥着工业社会的各种垃圾而无法重新变回原来清澈的颜色，所以“腐烂神”才会带着满身臭气与浑身污垢来到油屋进行清洗。

重点词汇

【宫崎骏】

日语：宮崎駿　（みやざき　はやお）

日本动画师、动画导演及漫画家。大学毕业后开始动画制作，后成为日本知名动画厂吉卜力工作室的核心人物之一。执导过 11 部长篇动画电影，多次宣布退休，在 2013 年 9 月第七次宣布退休，于 2016 年再度复出。代表作品有《天空之城》《龙猫》《哈尔的移动城堡》等。

【吉卜力】

日语：スタジオジブリ（STUDIO GHIBLI）

吉卜力工作室是一家位于日本东京都小金井市的动画工作室，为日本动画协会成员之一。于 1985 年 6 月成立，由动画导演宫崎骏、高畑勋、德间书店的编辑铃木敏夫及社长德间康快等人创办，作为宫崎骏与高畑勋两人能够方便制作动画片的场所。工作室起初隶属于德间书店集团，2005 年成为独立公司。

【神隐】

日语：神隠し　（かみかくし）

日语中意为“被神怪隐藏起来”，多指儿童被诱拐、掳掠而行踪不明，也指看起来心理状态异常。当有人家小孩无故失踪，村民即会喊名寻找，假如遍寻不着，即认定此人遭到神隐，被神祇、狐仙、天狗等鬼魅妖精带走。但有时成年人也会遭到神隐，比如天狗爱捉弄小孩、狐仙爱捉弄男性、鬼魅爱捉弄女性。

【八百万の神】

日语：八百万の神　（やおよろずのかみ）

“八百”在日语中表示数量很多，八百万（やおよろず）则是指数量极多、无数。“八百万の神”实际上是指数量很多、各种各样的神。八百万神来源于大和民族自古以来的一种泛神论自然观（认为神存在于世间万物）。

【言灵信仰】

日语：言霊　（ことだま）

“言灵”，也记作“言魂”，意为“语言拥有的灵力”。日本人认为语言拥有一种神秘且强大的力量，可以支配人的一生。“言灵”包含祝福和诅咒。说祝福就会发生好事，说不吉利的话就会引发凶事，因此在说祝词时绝对不能误读。沿用至今的结婚仪式上的忌语也是言灵思想的一种体现。

专栏

日本的言灵信仰

基于历史因素，神道教与日本佛教是日本的主要宗教。文化上，多数日本人同时崇奉神道与佛教。虔诚信奉神道教的日本民族认为，万物皆有灵性，无论是虚拟的神佛，还是具有多种超自然能力的精灵妖怪、巫女和魔术师，甚至是一草一木皆有灵性。语言也具有神奇的魔力，语言也有神灵的存在。

日语中有个词叫做“言霊”（ことだま），根据《岩波古语词典》的解释，言灵是指语言所拥有的神秘力量。语言崇拜，在日文中叫做“言灵信仰”（言霊信仰）。“言灵信仰”认为语言具有魔力，是人和神之间的纽带，可以改变自然和人的命运。比如各种宗教祭祀活动中的咒术、传统歌谣等，这些语言都具有神奇的灵力，可以作为和神灵沟通的桥梁，如果运用不当，将会遭受言神的惩罚。人的名字也是如此，名字象征着身份、人生、家庭、社会责任、人格等一切构成自我认同的成分。名字的外延是名誉、信用、名声。人名是个体存在的具体代表，忘记自己名字，自己将不受言神保护，失去自我。“姓名崇拜”是语言崇拜（言灵信仰）的一种。因此，在如此重视语言和姓名力量的日本，婴儿出生第七天会举行重大取名仪式，人去世之后还有“戒名”。

古老的“言灵信仰”一直根植于每个日本人的心里，因此在宫崎骏的动画中，无不展现着“言灵信仰”的魅力。比如改编自欧洲名著的《未来少年柯南》《魔女宅急便》《哈尔的移动城堡》《悬崖上的波妞》《鲁邦三世卡里奥斯特罗城》，来源于日本本土题材的动画《千与千寻》《幽灵公主》，独创故事《红猪》《风之谷》，宫崎骏都通过魔幻场景的精心刻画，使其充满着神奇的“言灵信仰”的力量。《千与千寻》中，汤婆婆专门拿走别人名字，让其忘记本身，奴役这些忘记名字的人。汤婆婆拿走“荻野千寻”中的“荻野寻”，只留下“千”，意图让千寻忘记本名，一直奴役千寻。白龙将写有“千寻”名字的卡牌交给小千，帮助她寻找自己的本名，企图摆脱汤婆婆的奴役。

日本的言灵信仰反映了对拥有独立完整人格的个体的尊重和对语言力量的重视的渴望。

思政小知识

细看《千与千寻》的话，会发现其中含有许多中国文化的元素，例如影片中的“白龙”这一角色参照了中国龙的形象，影片中的房子也借鉴了中国古代建筑吊脚楼的外形，影片中的神明石像也起源于中国的古老传说等。众所周知，中国文化对日本影响深远，据目前可考证的日本与中国最早的交往可追溯至公元 57 年。史书《后汉书·东夷列传》记载了日本来华朝贡的史实，此后三四百年，日本陆续向中国派遣使节，国人比较熟知的是遣隋使与遣唐使，而日本的假名文字也来源于汉字偏旁。中华文化不仅滋养了中国的本土文明文化，也给日本的文化带去了生机。而中国文化对日本的影响并没有止步于唐代的遣唐使，直至今天，我们也能够看到宫崎骏的作品中的中国文化的影子。

练习题

一、选择题

1. 以下哪部动画电影不是宫崎骏的作品？（　　）

A.《哈尔的移动城堡》　　B.《起风了》

C.《秒速五厘米》　　D.《千与千寻》

2.《千与千寻》中，千寻的父母因为贪吃变成了（　　）。

A. 蛙　　B. 猪

C. 龙　　D. 鬼

3.《千与千寻》中具有“现代商业资本主义”性质的是（　　）。

A. 油屋　　B. 琥珀川

C. 锅炉房　　D. 郊外小屋

4. 汤婆婆对愿意签订契约、出卖劳动力的人索取（　　）。

A. 相貌　　B. 姓名

C. 声音　　D. 人形

5. 以下哪种动物有好运回来之意？（　　）

A. 蛙　　B. 马

C. 龙　　D. 猪

6.《千与千寻》中体现了哪些要素？（　　）（多选题）

A. 社会契约　　B. 言灵信仰

C. 农耕文明　　D. 工业文明

7. “一粒米上有七个神灵”指的是（　　）。（多选题）

A. 社会契约论　　B. 泛神论

C. 万物有灵论　　D. 资本论

8. 白龙想起自己的真名后，龙的样子就消失了。这一情节的设计背景是（　　）。（多选题）

A. 言灵信仰　　B. 社会契约

C. 工业文明　　D. 语言崇拜

二、判断题

1. 宫崎骏动画作品的共同主题是“主要角色如何实现自身能动性或主体性的扩充与重建”。（　　）

2.《千与千寻》是日本本土票房最高的动画电影。（　　）

三、思考题

1.《千与千寻》中的中国元素有哪些？

2.《千与千寻》中哪些地方体现了言灵信仰？

3. 通过《千与千寻》思考日本的契约社会体现在哪些方面。

第十四课　日本的二次元文化

近年来，随着资本的不断涌入，二次元市场、二次元经济和二次元文化备受关注。可以说，二次元正以多种姿态进入到大众的视野当中，并深刻影响着主流文化。本课主要介绍二次元的定义、特点以及分析二次元文化受欢迎的原因。

一、“二次元”的定义

“次元”一词最早来源于日本 ACGN 的作品中。ACGN 分别指的是动画（Animation）、漫画（Comic）、游戏（Game）、网络小说（Novel）四个英文单词的缩写。“次元”通常是指这些作品当中的幻想世界以及各种要素的集合体。与读者现存的完全不同的世界，经常被称为“异次元世界”，或简称为“异次元”。此后，由“次元”这个词又进一步衍生出“二次元”的说法。“二次元”在日语中读作“にじげん”，属于 ACGN 亚文化圈的特有名词，其意思是“二维”，具有“架空”“假想”“幻想”“虚构”之意。由于早期的动画、漫画、游戏等都是以平面化二维图像的形式呈现在人们面前，这些作品所虚构的人物、场景等相关设定只能存在于幻想的二维图像空间中，所以通过这些载体建构的虚拟世界被动漫爱好者称为“二次元世界”，简称为“二次元”。

二次元是人类幻想出来的唯美世界。它使用各种梦幻的场景给人们带来强烈的视觉体验。近年来，随着文化创意产业的快速发展，二次元爆发出强劲的活力。二次元文化不仅指动画、漫画、游戏和轻小说，还包括衍生出的舞台剧、广播剧、动画音乐等内容。20 世纪 80、90 年代，基于传播方式的单一化，二次元文化只在一小部分群体中流行。进入 21 世纪以来，随着互联网信息技术的推动，二次元文化已逐渐变成新时代人类交换思想的交流空间，成为舆论聚焦的热门概念，正在从小众走向潮流。对于社会经济而言，二次元文化的不断发展促进了全新产业链的形成，并渐渐占据社会经济的重要地位。此外，二次元产业的发展前景也被寄予厚望，成为了一支潜力股。对于人民群众而言，二次元文化的出现增加了人们的个性化消费，扩充了人们交流沟通的内容，拓展了社会文化的内涵，丰富了人们的社会生活和精神世界。

二、二次元文化的特点

首先，二次元文化具有创新性。二次元文化产品主题鲜明、形式多样、内容丰富，能够体现出日本青少年精神世界的瑰丽多姿及其对梦想的不舍不弃，表现出年轻人改造和重构现实世界的祈盼和努力，这也是对其传统文化创造性发展和创新性转换的一种重要方式。

其次，二次元文化具有趣味性。二次元文化大部分内容都是以美轮美奂或简明清新或极具视觉冲击力的图片和视频进行多渠道传播。其中包含的趣味性，极易吸引各个年龄层的群体，他们凭借对二次元文化的兴趣和了解以及对相关技术的掌握，促使二次元文化走上了积极发展的道路。

再次，二次元文化具有治愈性。人们可以在二次元空间内臆测和假想精神生活空间，宣泄和释放个人思想情绪，也能够在二次元世界里构思虚拟人物和编织故事，将人们带入一个个奇幻境遇中，使人们暂时摆脱充满挑战与压力的现实生活，在二次元空间中放松自己的身心，从而获得精神愉悦和内心舒适。

最后，二次元文化具有社会性。除了历史和传统文化，日本二次元文化还与社会文化密切相关，并时而影响社会文化。日本的动漫作品时常把目光投入现实，富于人文精神也引起人的理性思考。例如闻名世界的动漫大师宫崎骏，其作品便致力于表达朴素却最容易被忽视的主题，探讨人性，也把人带回自然与纯真。

三、二次元文化的发展阶段

第一个阶段是从 1960 年到 1980 年，是日本二次元文化的萌芽期。这个时期的二次元文化主要是以科幻、奇幻、冒险等题材为主，反映了当时日本社会的变革和梦想。代表作有《铁臂阿童木》《魔女宅急便》《龙珠》《圣斗士星矢》等。

第二个阶段是从 1990 年到 2000 年初，是日本二次元文化的培育期。这个时期的二次元文化开始出现了更多的类型和风格，例如恋爱、校园、萌系、后宫等，反映了当时日本社会的多元化和娱乐化。代表作有《新世纪福音战士》《灌篮高手》《美少女战士》等。

第三个阶段是 2000 年中期至今，是二次元文化的成长期。这个时期的二次元文化开始走向全球化和网络化，利用互联网和社交媒体等平台，传播和交流二次元作品和信息。同时，也出现了更多的创新和突破，比如轻小说等。代表作有《刀剑神域》《鬼灭之刃》《名侦探柯南》《进击的巨人》等。

总体来说，二次元文化是新生代成长中的一个标志，一个象征。它的标志性产品——爆款动漫的格调基本上是向上、向善、向美的。比如，《机器猫》讲述的是小学生大雄处理学业压力、亲情关系、友谊危机的故事；《数码宝贝》展现的是小主人与数码宠物之间真挚的情感；《灌篮高手》则描绘出一群热爱篮球的高中生追逐青春梦想的热血故事。这些作品引导了一代人为自己的梦想而努力前行。当前，二次元文化不断渗透、融入中国文化艺术作品的创作实践当中，在很大程度上改变了当下艺术作品的审美价值判断。随着全网融合时代的开启，相信独具特色的二次元文化会在越来越多的领域中发挥出重要的作用。

重点词汇

【ACGN】

日语：ACGN　(エーシージー)

作为动画（Animation）、漫画（Comic）、游戏（Game）、小说（Novel）的总称而使用的词语，通俗地来说也指代二次元的相关内容。该词于 20 世纪 90 年代后半期在台湾被第一次提出。

【异次元】

日语：異次元　(いじげん)

文学空想中的异世界 alternate world 和数学的次元概念 dimension 所合成而来的词汇，指可能存在于高维空间的另一个世界。作为近代科幻文学的主题而广受欢迎。

【二次元】

日语：二次元　(にじげん)

二维。以长度和宽度这两种坐标所表现出来的扩展形式。而在作为动漫迷这一群体之内的用语时，则指代动漫、电视游戏中登场的角色（因呈现于印刷品、显示器等平面上而得名）。

【大数据】

日语：ビッグデータ

通过智能手机发出的个人信息、便利店的购买信息、汽车导航系统的行驶记录、医疗机构的电子病历等每天都在产生的，庞大、多样而复杂的数据集合。除此之外，还具有实时增加、变化的特征。

【人工智能】

日语：人工知能　(じんこうちのう)

以计算机代替人类进行语言理解、推理、问题解决等智力活动的技术。又被称为 AI。

其具体应用范围涵盖了机器翻译、语音识别、图像识别、智能机器人、气象预测、数据库构建等诸多领域。

专栏

弹　幕

作为一种“舶来文化”，弹幕最初起源于日本，是 Niconico 动画网站最先推出的。网站的主要用户群体，也就是所谓的“御宅族”，把想说的话进行打字输入后，使其他人也可以看到自己发送的信息，在御宅社区中显示出自己的存在感。他们在某个地方闭门不出，只面对电脑屏幕，用输入的文字互相交流，意气相投。

弹幕通常是在屏幕中对影视作品的即时评论，表现形式短小而简洁，大部分都是一两句话的评论，不过另外也有只发一个词语的。弹幕作为一种全新的互动方式，把动画网站的用户从“旁观者”变成了“参加者”，甚至成为了动画作品的重要构成元素。

通过弹幕，受众可以对动画的原创内容进行“二次加工”。弹幕的相互联动，使得动画制作者和受众之间的界限变得模糊。人们不再被动地接受“单纯观看播放内容”这一传统模式，而是实时地对动画内容进行解说、评判，甚至做出模仿。

弹幕也促进了陌生人之间的虚拟互动。以前，在视频下方的评论区写入的评论存在着时间差，但弹幕则为用户提供了“即使身处世界各地也能共同享受这一时刻”的互动场所，互相并不认识的用户们在看动画的同时也能表达自己的实时感想和心情。

另外，弹幕也可以成为虚拟的观众。湖南卫视 2020 年春节特别节目中，为了保障安全，会场首次设置了“弹幕式观众席”。全国数亿观众通过屏幕以“实时弹幕”的双向方式参加，传递着温暖和力量。

弹幕这种富有创造性的互动方式，将相隔甚远的人们聚集在虚拟网络空间中，打破了阶层、财富、职业、年龄、身份等差别，创造了一个人人都能在其中平等交流、对话、娱乐的空间。

思政小知识

“二次元”一词始于日本。20 世纪 80、90 年代，二次元还只是一种小众文化，但如今在世界范围内已经拥有了庞大的粉丝群体。二次元文化在我国国内的发展分为萌芽期、培育期以及成长期三个时期。随着我国科学技术的发展、经济实力的增强以及思想文化的交流，二次元文化已经进入了人们的日常生活。我国不仅接纳了二次元文化并将其融入中国文化艺术作品的创作实践当中，《哪吒之魔童降世》《姜子牙》《白蛇：缘起》等一系列国产动画电影将中国的民间故事、神话传说与二次元文化结合在一起，受到了国内外观众的好评。二次元文化带动了国产动画的发展，国产动画也促进了二次元文化的普及。二次元文化作为传播我国文化的重要载体，在提升文化软实力方面有非常重要的意义。

练习题

一、选择题

1. 日本二次元文化划分为（　　）阶段。

A. 两个　　B. 三个

C. 四个　　D. 五个

2. 对于社会经济来说，二次元文化形成了新的（　　），占据了重要地位。

A. 辐射网　　B. 群体意识

C. 产业链　　D. 经济途径

3. 日本动漫作品时常把目光投入现实，富于（　　）也引起人的理性思考。

A. 科学精神　　B. 人文精神

C. 文化精神　　D. 时代精神

4. 从1960年代到1980年代，是日本二次元文化的（　　）。

A. 萌芽期　　B. 活跃期

C. 低迷期　　D. 繁盛期

5. “次元”一词最早来源于日本（　　）作品中。

A. ACBN　　B. ACBG

C. ACGN　　D. ACCG

6. 成长期的二次元文化开始走向（　　）和（　　），利用（　　）和（　　）等平台，传播和交流二次元作品和信息。

A. 全球化　　B. 网络化

C. 互联网　　D. 社交媒体

7. 日本二次元文化具有（　　）四个特点。（多选题）

A. 创新性　　B. 趣味性

C. 治愈性　　D. 社会性

8. 在二次元文化萌芽期问世的日本动漫作品包括（　　）。（多选题）

A.《铁臂阿童木》　　B.《魔女宅急便》

C.《千与千寻》　　D.《圣斗士星矢》

二、判断题

1. 二次元文化的范围仅限于动画、漫画、游戏和轻小说，不包括衍生的舞台剧、广播剧、动画音乐等内容。（　　）
2. 当前，二次元文化不断渗透、融入中国文化艺术作品的创作实践当中，在很大程度上改变了当下艺术作品的审美价值判断。（　　）

三、思考题

1. 二次元文化中最吸引你的是什么？
2. 你对二次元文化抱有怎样的观点和看法？

第十五课　日本动漫中的中国元素

一、日本动漫的创作

日本是世界动漫强国，其动漫受到各个国家人民的追捧。充满想象力的场景、绚烂绮丽的画面、耐人寻味的寓意……动漫逐渐成为一种传播文化、普及知识的重要载体。中日两国是一衣带水的邻邦。在日本文化发展过程中，中国文化对其产生了深远的影响，因此日本形成了带有中国文化印记的民族风俗。其中，日本动漫吸收了很多中国元素，如中国功夫、民间传说、历史故事、神话故事、经典名著等，这些素材通过直接改编、摘录要素、汲取精华等方式，被巧妙地融入日本动漫作品中，在丰富日本动漫文化内涵的同时，也极大地提升了日本动漫作品的影响力。从 1926 年大藤信郎根据《西游记》创作的漫画《孙悟空物语》，到 1958 年取材于中国民间传说的日本第一部彩色动画电影《白蛇传》，再到 1967 年手冢治虫以中国文化为背景创作的漫画《活之鸟》，可以看出日本动漫一直与“中国元素”有着密切的联系。随着日本动漫的逐步发展、壮大，“中国元素”在日本动漫中被广泛使用。

二、日本动漫中的“中国元素”

第一，日本动漫对中国神话传说的演绎。“神话”是古代人们通过幻想出的超自然形象来表达对世界起源、自然现象以及社会生活的原始理解。“传说”是民间长期流传下来的对过去事迹的记述。这些内容对于动漫创作者来说，是非常好的题材，它们本身所具有的幻想性给动漫留下了极大的创作空间，使得创作者能够最大限度地发挥他们的想象力。例如，1958 年东映公司拍摄的日本第一部长篇动画《白蛇传》就改编自中国民间传说“白蛇传”；而《十二国记》则是对中国春秋时期文化进行改编的作品。

第二，日本动漫对中国经典文学名著的引用。日本对我国的经典文学作品一直抱有推崇的态度。早期作品皆是汉文、汉语作品。上自天皇，下到民间，均以会写汉文、汉诗为荣。现代的日本动漫创作中依旧随处可见中国传统名著的影子。例如，深受日本民众喜爱的《西游记》得到动漫制作者的青睐，与之相关的作品层出不穷，以其中的人物和情节为原型创作的动漫作品就多达二十余部。其中，《七龙珠》《火影忍者》

中的人物创作就是对“孙悟空”形象的改编。

第三，日本动漫中也能看到中国京剧元素的融入。1919 年，梅兰芳首次访日公演，把京剧带入日本，推向世界。这次华丽亮相不仅让日本观众亲身领略到京剧的艺术魅力，同时也让日本观众记住了京剧这个惊艳的中国符号。在日本动漫创作中，中国京剧是惯用元素之一。它巧妙地将国粹中的场景、脸谱等形象用于对动漫中场景的设定和对人物形象的刻画上，形成了鲜明的艺术特色。比如，皇明月所创作的《燕京伶》就是以中国京剧中的戏台以及四合院为创作主线，体现了京剧元素在日本动漫中的重要地位。

第四，日本动漫吸收了中国的饮食元素。中国是东方饮食文化的重要代表，在日本动漫创作中，无论是《名侦探柯南》中经常出现的中国餐馆，还是《中华小当家》中对中华美食文化的细致讲解，都表现出对中华美食的喜爱。中国饮食元素为这些动漫的创作提供了丰富的构思和设计巧思。

第五，日本动漫融入了中国功夫武术。中国功夫作为中国文化中代表性的元素，也是日本动漫中最常见的中国元素之一。在以热血、战斗为主题的动漫作品中，常常出现中国武术的设定，一般都以中国的武打明星为设定人物，如《街头霸王》的男主角就是以李小龙为原型；《乱马 1/2》中咒泉乡融合了中国的武术经典、民间传说等。

第六，日本动漫糅合了中国的建筑元素，例如，《不思议游戏》的故事背景虽然以中国为原型，但该场景并不是真实存在的。这种虚拟场景中的建筑仿照了中国古代建筑的风格，作为人物居住的房屋或者是故事发展的大背景。在日本动漫中出现的中国建筑主要包括长城、长江、庐山、苏州园林、中式房屋等。在《七龙珠》中，经常出现木质的中式房屋，如以故宫为原型的皇宫；在《星际牛仔》中，也有很多街道是以香港的街道为原型而进行创作的。

三、日本动漫的启示

中日交往源远流长，两国文化存在着众多的相似性。有许多日本动漫以我国神话传说为基础，又辅以本土文化进行创作，而这也成为日本动漫发展的重要支撑点。中国的神话传说散发着独特魅力，为日本动漫创作者提供了丰富的思想素材和广阔的创作空间。尽管日本的动漫设计中引入了众多中国元素，但日本的动漫创作并不是将众多的中国元素简单相加，而是进行有机融合，最终塑造出银幕上经典的动漫形象。事实上，日本动漫在吸收中国元素的同时，也对中国文化的发展产生了诸多影响，并给中国动漫“走出去”带来了一些启示。例如，中国动漫作品可以更多地融入国外文化元素，借此提高海外认同度，以便高效地传播至世界各地；再如，应大力培养动漫人才，打破旧观念的束缚，解放思想，尝试内容和技术创新等。

重点词汇

【大藤信郎】

日语：大藤信郎　（おおふじのぶろう）

日本大正昭和时代的动画作家，1900 年 6 月生人。1926 年，以日本特有的千代纸完成了《马具田城的盗贼》的动画制作，1927 年的剪影电影《鲸》在海外大受好评，1956 年的《幽灵船》获得威尼斯电影节特别奖。

【手冢治虫】

日语：手塚治虫　（てづかおさむ）

昭和时代后期的漫画家，1928 年 11 月出生，1946 年出道，1947 年的作品《新宝岛》大受欢迎，引起了赤本漫画的热潮。后参与儿童向杂志的编辑工作，以《铁臂阿童木》《蝴蝶结骑士》等作品打开了剧情向漫画世界的大门。于 1961 年成立手塚动画制作公司。

【《白蛇传》】

日语：白蛇伝　（はくじゃでん）

中国的民间故事，讲述了白蛇精白素贞与许仙以西湖为舞台的恋爱故事。1958 年，薮下泰司所执导的同名动画电影《白蛇传》也以该故事为素材，是东映动画制作公司的第一部长篇动画电影。

【《龙珠》】

日语：ドラゴンボール

日本漫画家鸟山明的漫画作品，描绘了围绕着只要集齐七颗就可以实现任意一个愿望的秘宝龙珠所展开的战斗和友情故事，连载于《周刊少年 Jump》1984 年第 51 号至 1995 年第 25 号。

【《乱马 1/2》】

日语：らんま 1/2

1989 年 4 月 15 日首播的日本奇幻动作类动画片，改编自漫画家高桥留美子所著的同名漫画作品。该动画讲述了一个修武少年来到咒泉乡修行不慎落入女溺泉，遇到冷水就会变成女孩，遇到热水又会恢复成男孩，所以除了要达到更高的武术水平之外，还必须去除变身带来的困扰的一系列故事。

专栏

日本动漫中的十二生肖

“十二生肖”，又称属相，指中国与十二地支相配以人出生年份的十二种动物。作为中国传统民俗文化中的特色文化符号，十二生肖有着悠久的历史。不过，生肖文化的体现也并非仅限于国内，在全世界都有生肖文化的流传，但基于文化多样性的差异，在不同的国家和地域之间，生肖文化也存在不同程度的差异。日本作为与中国有着高度文化相似性的国家，在动漫领域中，也创作过很多以十二生肖为题材的作品，但并非是在生肖文化原有的基础上做文章，而是将十二生肖作为一种参考元素，进行适度的改编，大胆创作出各种令观众感到惊艳的十二生肖作品。

《水果篮子》是日本动漫中最为经典的十二生肖题材动画，动画中将十二生肖设定为一种只会发生在“草摩家族”的“诅咒”——和异性拥抱会变成对应的十二生肖动物，但并不会给观众留下“这是一个很邪恶的诅咒”的感觉。而美型的生肖角色，也着实凭借颜值吸引了一众粉丝。

在《十二大战》中，十二生肖被设定为一种“荣耀”，只有最出色的战士才配拥有十二地支生肖的称号。而每逢十二年举行一次的“生肖大战”就是以十二位战士的大乱斗展开的。可以说十二生肖战士既是荣誉的拥有者，也是被厄运选中的牺牲者。

《十二生肖守护神：爆烈战士》是 1995 年的一部经典动画，对于看过这部动画的 90 后观众而言，这部动画就是他们的童年。动画中，十二生肖是正经的神，为了拯救世界，与入侵的邪灵怪兽展开战斗。

《全职猎人》中的“十二支”是猎人协会的星级猎人，原本“十二支”只是一个代号，但由于拥有代号的人太醉心于会长“尼特罗”，故此心甘情愿地将自己强行改变，即便要付出常人难以想象的努力和代价，也要将自己变得与自己的代号相衬，让外人一眼就能认出自己是十二支成员。

思政小知识

历史的长河孕育了中华五千年的文化，我们报之以李，将优秀的传统文化发扬光大，并传播到世界各地。日本在文化发展过程中，积极吸取中华文明的智慧结晶并基于本国的国情，形成了独特的民族文化。随着日本社会的不断发展，在现代的日本动漫中也能看到许多当时的影子。日本动漫创作过程中借鉴了许多中国的传统元素，如神话传说、经典文学名著、京剧、饮食、武术、建筑等。这些中国元素也助力了许多经典日本动漫的诞生，成为一代又一代人的集体回忆。日本动漫在吸收中国元素、火爆全球的同时也加速了国产动漫的推进。在动漫产业发展前景光明的今天，我们也应该思考如何将动漫作为载体把优秀的中华文明推向世界。

练习题

一、选择题

1. 1926 年，大藤信郎根据中国的（　　）创作了漫画《孙悟空物语》。

A.《西游记》　　B.《水浒传》

C.《红楼梦》　　D.《三国演义》

2. 在日本动漫作品（　　）中，作者用很大的篇幅，讲述了来自中国的“穷奇”所带来的故事。

A.《活之鸟》　　B.《少年阴阳师》

C.《不思议游戏》　　D.《火影忍者》

3. 日本动漫作品《十二国记》是对中国（　　）时期文化的改编。

A. 春秋　　B. 战国

C. 秦　　D. 汉

4. 以中国的《三国演义》为蓝本创作的日本动漫作品不包括（　　）。

A.《英雄的黎明》　　B.《长江的燃烧》

C.《辽阔的大地》　　D.《星际牛仔》

5. 以下哪部作品体现了日本动漫对中华饮食文化的吸收？（　　）

A.《街头霸王》　　B.《乱马 1/2》

C.《中华小当家》　　D.《七龙珠》

6. 日本二次元文化对中国元素的吸收包括（　　）。（多选题）

A. 神话传说　　B. 饮食元素

C. 中国成语　　D. 名胜古迹

7. 下列动漫中，与孙悟空形象相关的作品有（　　）。（多选题）

A.《英雄的黎明》　　B.《七龙珠》

C.《辽阔的大地》　　D.《火影忍者》

8. 在下列作品中，成为日本动漫素材的有（　　）。（多选题）

A.《儒林外史》　　B.《三国演义》

C.《西游记》　　D.《山居新语》

二、判断题

1. 在日本动漫中，有很多以中国功夫为素材的作品。（　　）
2. 在日本动漫中，《白蛇传》是取材于中国民间传说的第一部彩色动画电影。（　　）

三、思考题

1. 在日本动漫作品中，还有哪些中国元素引起了你的关注？请举出例子。
2. 对于中国动漫的发展，我们从日本动漫中还可以获得怎样的启示呢？你有什么好的对策和建议？

第十六课　日本动漫中的节日文化

日本的日历中有很多用红色标注出来的日期，这些在日语中称为“祝日（しゅくじつ）”，即全国性节假日。每到“祝日”，日本全国都会放假。“祝日”之外，一些日本的传统节日也在日历中被标注出来，其中一些节日深受中国文化的影响。日本动漫作品的情节设计中，向观众呈现了诸多的日本节日文化习俗。因此，本课选择了日本动漫作品中展现的三个比较有代表性的日本节日和文化习俗介绍给大家。

一、日本的新年

日语中新年称为“お正月（おしょうがつ）”，正如我们中国人最看重的节日是春节一样，日本人对一年之中的新年最为重视，只不过日本的新年是每年的 1 月 1 日，时间上对应着中国的元旦。每到新年，日本的动漫作品中会加入一些新年元素，展示丰富多彩的日本新年的习俗，在引起观众共鸣的同时也增添了节日气氛。

例如，动漫《冰果》中就有主人公去神社进行新年参拜并求签的场景。从除夕夜开始到新年的最初几天，人们会去神社或寺庙参拜祈福，因为是新一年第一次去参拜，故日语中称为“初詣（はつもうで）”，即“初参拜”，也称“新年参拜”。新年参拜的意义在于，既对过去一年进行总结和表示感谢，也表达对新一年的期望和祝福。参拜祈福之后，人们会为自己求签，预知自己未来一年的运势。

动画中还出现了日本的贺年卡，贺年卡在日语中叫做“年賀状（ねんがじょう）”。新年之际，日本人几乎都会收到来自亲朋好友、同事同学等寄来的贺年卡。日本人寄送贺年卡的习惯，是非常受重视的一个习俗。据说每个日本家庭，每到年末年初时，会寄出几百张贺年卡。贺年卡上会写上自己的近况以及表达感谢和祝福的话语，通过邮局盖上邮戳送到亲朋好友手中，传递自己真挚的祝福。

日本过新年还有和家人、朋友一起打年糕的习俗。例如，《小林家的龙女仆》中的主人公和朋友打完年糕之后，把年糕做成圆形，然后两块重叠放置，最上面摆上一个橘子，用来供奉神灵，这就是日本新年所说的“鏡餅（かがみもち）”。而年糕在新年时会被做成日式杂煮，日语称为“お雑煮（おぞうに）”，虽然每个家庭做日式杂煮时除了放入年糕之外，其他的食材不尽相同，但是这是新年时家家户户的传统食物。《蜡笔小新》中，小新在新年时就吃过一碗日式杂煮。此外，小新一家在除夕之夜一

起吃了新年特有的日式年夜饭，日语称为“お節料理（おせちりょうり）”。通过这些动漫剧情，我们可以了解日本新年的文化元素。

图 1　日本的贺年卡（李正政拍摄）

二、日本的儿童节

每年 5 月 5 日是日本的儿童节，但最初是日本的男孩节。在这一天，人们会制作由七色彩旗和黑红两色的“真鲤”“绯鲤”组成的鲤鱼旗，高悬于立在屋前的长竿上，迎风飘扬。《哆啦 A 梦》《蜡笔小新》都有出现鲤鱼旗的场景。鲤鱼旗，日语叫“鯉のぼり（こいのぼり）”。这个习俗源于江户时代，因为日本人相信鲤鱼最有精神和活力，鲤鱼是力量和勇气的象征，希望家中的男孩都像鲤鱼那样，因此这一天又称为“鲤鱼日”，意在保佑男孩们健康成长。又因鲤鱼逆水而上，象征着勇猛顽强，激励男孩们在人生的征途上不畏艰难，勇往直前。

现在，这一天被定为日本全国性的节日，而且也不再只是男孩节，成为了日本的儿童节。所以不管男孩女孩，在这一天都会享受到父母特别的祝福和关爱。

除了男孩节，日本还有女孩节，动漫《樱桃小丸子》中就出现过女儿节人偶的场景。每年西历 3 月 3 日是日本女儿节，日语称为“雛祭り（ひなまつり）”，原来和中国一样是农历的三月三，自明治维新后改为西历。说到女儿节的传统习俗，在这一天有女儿的家庭会摆上日式人偶娃娃，也称为“雏人形”，这种人偶娃娃深受神道教的影响，也有相当讲究的摆放规则。

三、日本的夏日祭

夏日祭，顾名思义就是在盛夏时节，日本全国各地举办的各种节日祭典，也是日本的传统节日。但夏日祭是一个概括性的说法，在日本各地有具体的节日名称，各地各不相同。其中，京都的祇园祭、大阪的天神祭和东京的神田祭历史悠久，最负盛名，并称为日本夏日三大祭典。动漫作品《萤火之森》和《冰果》中都出现过夏日祭的场景。

夏日祭的时候当地政府会举办祭典游行，政府及社会团体会举行很多表演，人们穿上浴衣（日式夏季和服）上街，就像中国的游园逛庙会一样，逛街、买东西、吃小吃、参加娱乐活动。周边的店面也会进行特别装饰，开展特别活动吸引游客。这种庙会的原始习俗原先来自中国，后来传到日本，结合日本的本土文化，就有了今天各种各样的祭典活动，逐渐形成了日本自己的民族文化特色。

图 2　2017 年广岛花火大会（李正政拍摄）

除了各种夏日祭典之外，人们最期待的就是当地的花火大会。从 6 月下旬开始到 8 月中旬，日本全国各地会举办花火大会，七夕节前后最为集中。花火大会的举办一般会与浴衣节相结合。每到花火大会的这天，当地的女孩们，会穿上五颜六色精美的浴衣，精心打扮一番，和家人好友或者心爱的人一起去看烟花，留下整个夏日最浪漫的回忆。

可以看出，动漫已成为日本节日文化的宣传载体。日本动漫制作者用心雕琢细节，更好地为剧情的展开服务，同时也让日本的传统节日文化得到传播并深入人心。

日本动漫中不仅展现了节日文化，还有例如《夏目友人帐》展现的物哀文化，《灌篮高手》体现出的团队精神，对热爱日本动漫的人们产生的影响无法言喻。相信在日本动漫迷们的心中，一定会有那么一句经典的台词，深深印刻在心里。

重点词汇

【初参拜】

日语：初詣　(はつもうで)

在正月元旦的早晨前往神社、寺院进行参拜的日本习俗。特别是去那些坐落于年神所降临的惠方方位的神社、寺院进行参拜会比较好（根据阴阳道的知识，惠方被认为是带来幸运的方向）。

【鲤鱼旗】

日语：鯉のぼり　(こいのぼり)

用布或纸所制成的鲤鱼形状的鲤鱼旗，包含着“鲤鱼跃龙门”之义。所以在每年 5 月 5 日的端午节，家家户户都会在屋外挂起鲤鱼旗，保佑自家男孩飞黄腾达、安泰健康。

【雏人形】

日语：雛人形　(ひなにんぎょう)

在女儿节用于装饰的人偶。随着江户时代女儿节的推广和普及，雏人形的名称也随之诞生。到江户初期为止的雏人形都是用纸做成的，比较简朴，而到了后来也出现了以坐姿进行呈现的布制人偶。

【夏日祭】

日语：夏祭り　(なつまつり)

日本在夏季举办的祭典活动。活动的种类缤纷多彩，其中大部分以驱除瘟疫为主要目的。比较具有代表性的有京都祇园祭和爱知县津岛市的津岛天王祭。

【浴衣】

日语：浴衣　(ゆかた)

木棉质地的单衣和服。除了作为在家洗完澡以后的休闲服以外，还可以当作夏日祭、庙会、盂兰盆会舞、傍晚乘凉等场合的夏季服饰。

专栏

日本的三大夏日祭

日本的三大夏日祭分别指祇园祭、天神祭和神田祭。

祇园祭起源于公元 869 年的清和天皇时代，至今已有一千一百年以上的历史。祭典活动在每年 7 月举行整整一个月，活动种类缤纷多彩。在祇园祭中，以祈祷平安的“吉符入”仪式为首，长刀鉾表演、八坂神社周边的巡游、传家宝屏风表演、表千家和里千家的隔年仕奉、石见神乐等各种活动应接不暇。整个祭典长达一个月，要参加完所有的活动并非易事。祇园祭又设有“前祭”和“后祭”，其中前祭的规模相对更大，更加推荐给想要观看祇园祭的游客。

天神祭始于平安时代中期，也是有着悠久历史的祭典。每年 7 月 24 日、25 日这两日举办。最大的看点是 25 日傍晚开始的本宫船渡御活动，很多人慕名而来。以菅原道真公的神灵所乘坐的御凤辇船为中心，超过一百艘船只所组成的船阵在河面上航行，场景非常壮观，期间大约会放五千发烟花。另外，天神祭的特色舞蹈“龙舞”，表现了龙随着轻快的伴奏音乐声直冲云霄的姿态。这种舞蹈别名“蛇舞”，作为只有在天神祭才能看到的舞蹈而备受瞩目。

神田祭每两年举办一次，在 5 月中旬举行。早在江户时代，神田祭已经成为了“江户三大祭”中的一项大规模祭典。在神田祭上，人们会抬着神轿在街上游行，或是举办太鼓节，场面十分热闹。在神幸祭和神轿神宫等活动中，游客只要在现场就能感受到热情洋溢的高昂气氛。

思政小知识

日本的新年、儿童节、夏日祭等节日文化和习俗中都能窥见代表中国文化的元素缩影。中日两国文化在历史长河中逐渐形成各自的特色，但在节日文化和习俗方面，依然能探寻到诸多相似之处。例如，在中日两国，过年都要祭拜祖先、一家团圆、吃特定的节日食物等；中国端午节有吃粽子的习俗，日本也有类似的食物“ちまき”，是在平安时代与端午节习俗一道传入日本的。另外，两国还都为老人、儿童、劳动人民设立了节日。这些传统节日和习俗，反映了中日两国文化悠久的交流史和密切的关联性，共同体现了两国人们重视亲情、尊老爱幼、崇尚勤劳的传统美德。而在具体的庆祝方式、饮食习惯等方面又呈现出差异性和多元化，记录着自古至今两国人民丰富多彩的社会生活。由此，在对中日节日文化异同的探寻中，我们可以更加深刻地体会节日文化中弘扬的尊老爱幼、崇尚勤劳等传统美德，感受博大精深的中华文化底蕴对中日两国节日文化传承与发展的影响，增强文化自信与认同感。

练习题

一、选择题

1. 日本全国各地会举办花火大会，在什么节前后最为集中呢？（　　）。

A. 重阳节　　B. 中元节
C. 七夕节　　D. 盂兰盆节

2. 在日本，新年吃（　　）象征与过去种种不好的事情进行了断，迎接新的开始。

A. 乌冬面　　B. 荞麦面
C. 拉面　　D. 素面

3. 打完年糕之后，把年糕做成圆形，然后两块重叠放置，最上面摆上一个橘子，用来供奉神灵，这就是日本新年所说的（　　）。

A. 樱饼　　B. 草饼
C. 菱葩饼　　D. 镜饼

4. 在日本的（　　），人们会制作由七色彩旗和黑红两色的“真鲤”“绯鲤”组成的鲤鱼旗，高悬于立在屋前的长竿上，迎风飘扬。

A. 男孩节　　B. 女儿节
C. 七夕节　　D. 盂兰盆节

5. 每年的（　　）是日本的儿童节，最初是日本的男孩节。

A. 3 月 3 日　　B. 4 月 4 日
C. 5 月 5 日　　D. 6 月 6 日

6. 以下属于日本新年年俗的有哪些呢？（　　）（多选题）

A. 镜饼　　B. 年初参拜
C. 贺年卡　　D. 日式年夜饭

7. 日本夏日三大祭典包括（　　）。（多选题）

A. 京都的祇园祭　　B. 大阪的天神祭
C. 东京的神田祭　　D. 长滨的曳山祭

8. 以下哪些动漫作品中出现了日本夏日祭的场景？（　　）（多选题）

A.《萤火之森》　　B.《钢之炼金术师》
C.《月刊少女野崎君》　　D.《冰菓》

二、判断题

1. 日本有女儿节，是在 3 月 3 日。（　　）
2. 浴衣是日本人泡温泉出浴时温泉店家提供的衣物。（　　）

三、思考题

1. 日本的女儿节在饮食方面有什么特别的习俗？
2. 日本动漫中还出现了哪些节日元素？

第十七课　日本动漫的周边文化

本课将围绕日本动漫的周边文化进行讲解，主要包括以下四部分内容：日本动漫周边文化的内涵；日本动漫周边文化的发展；日本动漫周边文化蓬勃发展的原因；日本动漫周边文化对日本文化传播的影响。

一、日本动漫周边文化的内涵

过去的三十年是日本文化蓬勃发展的一段时期，其中，大众流行文化之一的动漫更是空前繁荣。在日本，随着一部动画或漫画作品的推广，会推出一系列周边产品。当前，一般来说，动漫周边文化以动画或漫画为主要载体，涵盖小说及游戏、音乐、手办、周边商品，以及衍生出的 Cosplay、圣地巡礼等文化行为，是一个系统又庞大的体系。

二、日本动漫周边文化的发展

日本漫画的历史悠久，最古老的漫画作品产生于平安时代；而动画则萌芽于 20 世纪初期。到 20 世纪 60、70 年代，手冢治虫成为日本动画界的标志性人物，被誉为“日本动漫之父”。他创作了一系列精美的动画片，将日本动画片的水平提升到前所未有的档次。代表作品《铁臂阿童木》（1963 年）被认为是第一部广泛流行的动画片，自此，动画和漫画逐渐开始结合，形成最初的日本动漫产业。

20 世纪 80 年代末、90 年代初，由于日本泡沫经济崩溃，社会、经济均陷入困境，动漫行业也遭遇了危机。虽然产生了《七龙珠》《美少女战士》《樱桃小丸子》《蜡笔小新》等佳作，但数量有限，而且定位的观众层也有局限性。面对困境，日本动漫界开始做出积极的探索。在此背景下，由动画公司和赞助商共同参与的“制作委员会”模式应运而生。由“制作委员会”制作的《新世纪福音战士》在 1995 年一经播出就产生了广泛的社会影响力。这部作品展现出了宏大的世界观、复杂的故事情节和个性鲜明的人物设计，被誉为里程碑式的作品，也给动漫行业带来了新的春天。动画的再次热播，带动了相关音乐、游戏、手办等产品的热卖，这种多元化的商业营销模式带来了巨大经济效益。

这让日本政府认识到了发展动漫周边文化、推广动漫衍生产品的重要性，于 1996

年提出了“文化立国”的战略，进入 21 世纪后，日本政府进一步推出了一系列的扶持政策和举措，例如，2005 年，时任首相小泉纯一郎提出的文化外交理念中，就包括要积极培养“热爱日本动漫的新一代”；2008 年，日本政府任命“哆啦 A 梦”为首任“动漫文化大使”。这些既表现出日本政府发展动漫周边文化及产业的野心和决心，也让日本动漫的数量和质量都有了很大的飞跃。

图 1 “哆啦 A 梦”玩具

此后，日本的动画作品在世界范围内屡获大奖，如《千与千寻》曾囊括了柏林电影节金熊奖、奥斯卡金像奖最佳动画长片等多项大奖；《幽灵公主》《虞美人盛开的山坡》获得过动画安妮奖等。除动画电影之外，还涌现出了改编自漫画的长篇电视动画，《名侦探柯南》《海贼王》《火影忍者》《犬夜叉》等，有许多至今仍未完结。这些优质动漫作品的涌现，大大提升了日本动漫在世界的知名度。

根据日本动漫协会公布的数据，日本 2017 年动漫产业总收入首次突破两万亿日元，为 21 527 亿日元，实现了八年连续增长。著名的新制度经济学家青木昌彦认为，日本正处于自明治维新以来又一次伟大历史转折中，其结果是在日本出现了动漫、娱乐等一系列超过汽车工业的赚钱产业，“日本正在借助新文化产业的兴起尝试一种渐进式的经济转型”。

三、日本动漫周边文化蓬勃发展的原因

一是成熟的运作模式。这使得日本动漫迅速发展而且经久不衰。在日本政府的积极引导与大力推动下，日本动漫形成了从创作、发行、出口到后期周边商品开发等较

为完整的产业链。动漫产业链表现为首先通过周刊连载小说和漫画，选择读者反馈好的作品出版单行本；然后推出电视版动画片和OVA，即录像带版动画片；接着在全国范围内推出剧场版动画片；最后推出同一主题的游戏和动画片主题曲、片尾曲唱片及其他动漫周边商品。这些过程几乎是同步进行、同步实现。这样一个完整产业链的形成，使优秀的动漫产品拥有了更长的生命周期，不仅可以获得报刊出版稿费、电视播放权费、影像制品出版费，还可以获得可观的动画形象权收益以及卡通人物商品销售收入。

扣人心弦的旋律、游戏场景的还原、精巧设计的手办等吸引了一大批动漫粉丝的目光。全世界范围内，因日本动漫及其周边商品兴起的Cosplay文化和动漫展文化如日中天，日本东京的秋叶原更是成为了动漫产品的聚集地，也是全世界动漫爱好者心中的“圣地”。

图2　新海诚小说《你的名字》

二是日本动漫注重题材与内容的选择。日本动漫作品及周边文化产品充分展现了日本本土文化所具有的魅力，使日本动漫获取了一定的国际地位。事实证明，这条路是成功的，不仅形成了日本动漫的特色及文化，更促进了日本动漫作品、周边产品等整个行业的繁荣发展。

三是日本动漫与日本文化的紧密结合。日本动漫及其周边文化推广的成功并非偶然，根本原因在于日本动漫及其周边文化与日本文化实现了良好的互动，日本动漫及其周边文化的振兴来自对日本文化的深入挖掘，而日本动漫作品及周边产品在创造巨大经济效益的同时，也广泛传播着日本文化，两者相辅相成，共同繁荣。

四是日本动漫作品独特的创造力和精益求精的品质。正是日本社会中诸如宫崎骏、手冢治虫等众多优秀漫画家，一生都在致力于动漫事业，才打造了这么多经典的动漫形象，让人们在可爱形象背后感受到其传递的温暖与感动，才愿意为动漫周边产品买单。除此之外，极强的市场思维，优秀的创作团队也是日本动漫及其周边文化蓬勃发展的重要因素。

四、日本动漫助力日本文化传播

以日本动漫音乐为例。随着日本动漫作品的传播和好评，一大批优秀动漫音乐也崭露头角，深受动漫爱好者追捧。例如我们耳熟能详的日本动漫配乐大师久石让的作品——《千与千寻》主题曲“永远同在”、《天空之城》主题曲“天空之城”、《菊次郎的夏天》主题曲“Summer”等。而日本动漫音乐制作人也善于使用三味线、尺八、太鼓等日本传统乐器进行演奏。例如，久石让在为宫崎骏作品《龙猫》配乐时便选用了日本传统打击乐器——日本太鼓，将全片空灵、清新的氛围完美烘托。这使得观众在听觉上立刻将这些音乐与日本联系在一起，达到情景交融的效果，同时也在潜移默化中传播了日本传统的乐器文化。

不仅是音乐，游戏创作、手办设计等方面同样融合了日本文化元素。观众在观看日本动漫的过程中，也会不由自主地对日本的空手道、武士道精神产生兴趣，会开始关注日本的节日文化、服饰文化、茶道、花道等传统技艺，甚至产生学习日语的兴趣。

由此可以看出，动漫周边文化的发展提升了日本动漫作品的影响力，也极大地促进了日本文化走向世界的舞台，从而加强了世界对日本的理解与关心，吸引了一大批动漫爱好者学习日语，促进了国际交流，也有助于人们对社会道德观念的认同与养成。此外，丰富的动漫作品及周边产品带来的巨大经济效益也对日本经济的振兴发挥着积极作用。

如今以动漫作品为基石发展起来的日本动漫及周边文化成为了日本文化传播的重要窗口之一，与日本文化一道冲击着各国原有的文化观念，实现了日本文化的输出。同时，对日本文化的好奇又促使人们更加关注日本动漫的发展。日本动漫与日本文化密不可分，两者又相辅相成形成了良性循环。日本已进入了令和时代，日本动漫又会在新的时代迎来怎样的发展，留下什么特别的印迹呢？让我们一起关注。

重点词汇

【动漫产业】

日语：アニメ産業　（アニメさんぎょう）

与动漫作品的传播、放映、广告宣传、销售、商品化等动漫商业相关的整个产业。

【Cosplay】

日语：Cosplay　（コスプレ）

对动画、漫画、电脑游戏中的登场人物的服装、发型等进行模仿和还原的变装行为。在相关爱好者和同人社团聚集的同人志贩卖会、视觉系乐队的演唱会现场等地方都能看到。进行 Cosplay 的人被称为 Cosplayer。

【秋叶原】

日语：秋葉原　（あきはばら）

位于东京都千代田区的东北部。以京滨东北线、总武线、山手线所交汇的秋叶原站为中心，周边则作为电器街而发展起来。该地名来源于明治时代的秋叶神社。

【圣地巡礼】

日语：聖地巡り　（せいちめぐり）

在宗教中，指信徒前往对自己具有重要意义的地方，即圣地。后来也指一部分热情的粉丝将现实中作为动画或漫画的舞台而存在的地方称为圣地，并前去亲身体验该地氛围的行为。

【久石让】

日语：久石譲　（ひさいしじょう）

昭和后期至平成时代的作曲家、编曲家、钢琴家。于 1950 年 12 月出生，于 1981 年以专辑《MKWAJU》出道。曾为宫崎骏的《龙猫》《幽灵公主》《千与千寻的神隐》、北野武的《HANA-BI》和泷田洋二郎的《入殓师》等作品进行过配乐，获日本电影学院奖最优秀音乐奖、安妮奖最优秀音乐奖、JASRAC 奖金奖等诸多奖项。

专栏

穿越次元：开启日本动漫之旅

随着动漫受众群体和影响不断扩大，众多动漫爱好者去日本动漫作品的取景地打卡，或是到动漫主题公园旅游，掀起了动漫旅游的热潮。《灌篮高手》的取景地镰仓、《你的名字》的取景地伊豆大室山等，近年来已成为日本热门的旅行目的地。同时，日本打造的诸多以动漫作品为主题的公园和活动，将动漫文化与旅游体验相结合，为动漫爱好者提供了一种全新的旅游体验。

2022 年 11 月，建于日本爱知县长久手市的“吉卜力公园”开园，这是以日本著名动画大师宫崎骏创作的经典动画为依托建造的主题公园。公园内共设“青春之丘”“吉卜力大仓库区”“Dondoko 森林”“魔法故里”（又称“幽灵之乡”）和“魔女之谷”五个乐园，游客在这里可以看到《龙猫》《千与千寻》等经典动画电影中的场景，参观《魔女宅急便》中女主角的家，还可以体验根据《哈尔的移动城堡》打造的“城堡”，感受充满魔法和怀旧氛围的探险之旅。

位于日本兵库县淡路岛的“二次元之森”是一个广阔的动漫主题公园，于 2017 年 7 月开园，园内以动漫、科技、自然为主题，再现了多部日本人气动漫或游戏的场景，可以让游客通过五官感受和运动，体验二次元世界。游客畅游其中，仿佛走进《蜡笔小新》《火影忍者》《勇者斗恶龙》《哥吉拉》等人气动漫电影世界中。

此外，在动漫文化汇聚的东京，也有许多动漫爱好者必打卡的圣地。著名的秋叶原拥有丰富的动漫商店、咖啡厅，举办各种动漫相关活动，成为动漫爱好者的天堂。东京杉并动画博物馆展示了日本动画的发展历程，游客可以在这里体验动画制作，深入了解日本动漫文化。还有日本东映动画博物馆，展示了东映动画公司自成立以来的动画作品以及一些经典动画的分镜头脚本、设计资料，包括《海贼王》《美少女战士》《七龙珠》等，游客在这里可以了解动画制作过程。

这些动漫取景地、主题公园、博物馆吸引了大量的动漫爱好者，为当地的文化旅游产业带来了发展机遇。动漫爱好者和游客通过身临其境的体验，对动漫作品产生更深入的理解。这种动漫旅游也为动漫产业多元化发展提供了新的方向。

思政小知识

根据日本动漫协会的 2018 年最新调查研究显示，日本动漫在中国市场的规模实现了持续性的增长。动漫产业作为文化产业的一部分，其对外输出、赢得国际市场是国家软实力的体现，其发展与文化意识传播、树立国家形象具有密不可分的重要关系。我们应该深刻认识到发展文化产业，增强国家软实力的重要性。契合国家“引进来、走出去”的战略，在文化产业方面积极把国外的优秀文化成果引进来，让中国的优秀文化成果走出去。作为青年一代，要勇担这个时代使命，发挥主人翁意识，积极为中国动漫产业的发展和进步建言献策，投身于国家文化产业建设之中。

练习题

一、选择题

1. 被誉为“日本动漫之父”日本动画界的标志性人物是哪一位呢？（　　）

   A. 宫崎骏　　B. 高桥留美子

   C. 手冢治虫　　D. 新海诚

2. 手冢治虫的代表作品（　　）（1963 年）被认为是第一部广泛流行的动画片。

   A.《森林大帝》　　B.《铁臂阿童木》

   C.《怪医黑杰克》　　D.《缎带骑士》

3. 泡沫经济时期诞生的日本动漫作品不包括以下的哪部作品？（　　）

   A.《七龙珠》　　B.《美少女战士》

   C.《樱桃小丸子》　　D.《哈尔的移动城堡》

4. 2008 年，日本政府任命哪个动漫形象为首任“动漫文化大使”呢？（　　）

   A. 哆啦 A 梦　　B. 蜡笔小新

   C. 名侦探柯南　　D. 樱桃小丸子

5. 日本东京的（　　）成为了动漫产品的聚集地，也是全世界动漫爱好者心中的“圣地”。

   A. 浅草　　B. 秋叶原

   C. 原宿　　D. 自由之丘

6. 下面的哪些动画作品不是宫崎骏作品？（　　）（多选题）

   A.《犬夜叉》　　B.《言叶之庭》

   C.《你的名字》　　D.《幽灵公主》

7. 下面哪些动画作品是久石让配乐的宫崎骏动画作品？（　　）（多选题）

   A.《菊次郎的夏天》　　B.《红猪》

   C.《天空之城》　　D.《千与千寻》

8. 日本动漫取得成功，产生巨大经济效益和全民效应的原因在于（　　）。（多选题）

   A. 成熟的产业运作模式　　B. 注重题材与内容的选择

   C. 与本土文化紧密结合　　D. 独特的创造力和精益求精的品质

二、判断题

1. 2005 年，日本时任首相小泉纯一郎提出的文化外交理念中，就包括要积极培养“热爱日本动漫的新一代”。（　　）
2. 久石让在为宫崎骏作品《龙猫》配乐时，选用了日本传统打击乐器——日本太鼓。（　　）

三、思考题

1. 说一说你看过的日本动漫作品，以及你喜欢这部作品的理由。
2. 根据日本动漫协会的 2018 年最新调查研究显示，日本动漫在中国市场的规模实现了持续性的增长。请结合前面讲解的二次元相关课程内容，就日本动漫在中国深受欢迎的原因，谈一谈你的想法。

练习题答案

第一课　日本的广告艺术

一、选择题

1－5　B　C　B　C　A

6－8　ABC　ABCD　ABCD

二、判断题

1－2　×　×

第二课　日本的推理小说

一、选择题

1－5　A　A　D　B　C

6－8　BCD　ABC　ACD

二、判断题

1－2　√　×

第三课　日本的垃圾分类

一、选择题

1－5　B　B　C　B　A

6－8　ACD　BC　ABCD

二、判断题

1－2　√　×

第四课　日本的工匠精神

一、选择题

1－5　B　C　A　D　B

6－8　ABCD　ABCD　BC

二、判断题

1－2　×　√

第五课　日本的色彩文化

一、选择题

1－5　D　D　C　A　B

6－8　ABD　ACD　BCD

二、判断题

1－2　×　√

第六课　日本的社会福祉

一、选择题

1－5　C　B　D　B　A

6－8　ACD　ABC　BCD

二、判断题

1－2　×　×

第七课　日本的国球

一、选择题

1－5　A　B　B　D　D

6－8　ABCD　BCD　AB

二、判断题

1－2　√　×

第八课　日本的汉字文化

一、选择题

1－5　C　B　D　A　B

6－8　ABD　BD　ABC

二、判断题

1－2　√　√

第九课　日本的诗歌文化

一、选择题

1－5　C　A　A　B　B

6－8　CD　ABCD　ACD

二、判断题

1－2　√　√

第十课　日本的寺院文化

一、选择题

1－5　D　A　C　B　A

6－8　AD　BC　ABC

二、判断题

1－2　√　√

第十一课　日本的礼仪文化

一、选择题

1－3　D　C　A

4－6　ABD　ADFG　ACFH

二、判断题

1－4　√　×　×　×

第十二课　日本的化妆文化

一、选择题

1－5　A　C　D　B　B

6－8　ABCD　AC　ABC

二、判断题

1－2　×　√

第十三课　《千与千寻》中的日本传统和现代文化

一、选择题

1－5　C　B　A　B　A

6－8　ABCD　BC　AD

二、判断题

1－2　√　×

第十四课　日本的二次元文化

一、选择题

1－5　B　C　B　A　C

6－8　ABCD　ABCD　ABD

二、判断题

1－2　×　√

第十五课　日本动漫中的中国元素

一、选择题

1－5　A　B　A　D　C

6－8　ABD　BD　BC

二、判断题

1－2　√　×

第十六课　日本动漫中的节日文化

一、选择题

1－5　C　B　D　A　C

6－8　ABCD　ABC　ACD

二、判断题

1－2　√　×

第十七课　日本动漫的周边文化

一、选择题

1－5　C　B　D　A　B

6－8　ABC　BCD　ABCD

二、判断题

1－2　√　√

参考文献

第一课　日本的广告艺术

[1] Wikipedia.au のイメージキャラクター[Z/OL].[2019-3-31]. https://ja.wikipedia.org/wiki/Au%E3%81%AE%E3%82%A4%E3%83%A1%E3%83%BC%E3%82%B8%E3%82%AD%E3%83%A3%E3%83%A9%E3%82%AF%E3%82%BF%E3%83%BC#CM.

[2] Wikipedia.NTT ドコモのイメージキャラクター[Z/OL].[2019-3-31]. https://ja.wikipedia.org/wiki/NTT%E3%83%89%E3%82%B3%E3%83%A2%E3%81%AE%E3%82%A4%E3%83%A1%E3%83%BC%E3%82%B8%E3%82%AD%E3%83%A3%E3%83%A9%E3%82%AF%E3%82%BF%E3%83%BC.

[3] Wikipedia.ソフトバンクのイメージキャラクター[Z/OL].[2019-3-31]. https://ja.wikipedia.org/wiki/%E3%82%BD%E3%83%95%E3%83%88%E3%83%90%E3%83%B3%E3%82%AF%E3%81%AE%E3%82%A4%E3%83%A1%E3%83%BC%E3%82%B8%E3%82%AD%E3%83%A3%E3%83%A9%E3%82%AF%E3%82%BF%E3%83%BC.

第二课　日本的推理小说

[1] 常婷婷. 东野圭吾推理小说为何风靡于中日两国——以《白夜行》《嫌疑人 X 的献身》为例[J]. 网友世界，2014（16）：109.

[2] 黄丽琼. 东野圭吾推理小说魅力探究——以《嫌疑人 X 的献身》为中心[J]. 科技视界，2013（13）：82.

[3] 宋翔. 东野圭吾与日本社会派推理小说[J]. 山花，2013（04）：131.

第三课　日本的垃圾分类

[1] 高桥敷. 丑陋的日本人[M]. 王新民，译. 苏州：古吴轩出版社，2008.

[2] 郝明娟. 2017 年《日本环境白皮书》（节选）翻译实践报告[D]. 东华大学，2018.

[3] 沈美华. 日本循环型社会建设与废弃物处理制度[J]. 聊城大学学报（社会科学版），2010，138（04）：99－103.

[4] 吴痕. 各国有趣的“垃圾文化”[J]. 华人世界，2009，141（06）：63.

[5] 张铁军，王淑娟. 他山之石，可以攻玉——日本垃圾处理的启示[J]. 河南农业，2009，No.（13）：27.

[6] 张玉棉. 日本废弃物处理历程的回顾［J］. 日本问题研究，2005（02）：9－12.

第四课　日本的工匠精神

[1] 北康利. 工匠之国：日本制造如何走向卓越[M]. 北京：中信出版社，2018.
[2] 蓝建中. 日本制造靠匠人精神自主创新享誉世界[J]. 共产党员（河北），2016（05）：59.
[3] 马吟秋，马璨婧. 时代呼唤工匠精神的回归与重塑——鉴于日本“家元制结构”企业管文化思考[J]. 社会科学论坛，2017（04）：238－245.
[4] 蒲琳. 日本和德国缘何没有丢失工匠精神？新民周刊. 2016 年 09 月 07 日.
[5] 汪中求. 看日本工匠，悟“工匠精神”[J]. 企业管理，2016（08）：32－33.
[6] 佚名. 匠人、匠心、匠艺，LEXUS 雷克萨斯日本“匠心之旅”[J]. 汽车与配件，2018（25）：58－65.
[7] 姚玉秀. 日本如何传承“工匠精神”[J]. 信息系统工程，2016（11）：9.
[8] 张琼林. 日本“匠人精神”面面观[J]. 人才资源开发，2016（13）：55－56.
[9] 祝振强. “工匠精神”形成的内驱力与外因——日本“匠人精神”的启示[J]. 中国人力资源社会保障，2019（02）：52－53.

第五课　日本的色彩文化

[1] 坂部恵・藤田正勝・鷲田清一. 九鬼周造の世界[M]. 京都：ミネルヴァ書房，2002.
[2] 近江源太郎. 色の名前[M]. 東京：角川書店，2001.
[3] 吉岡幸雄. 日本の色辞典[M]. 京都：紫紅社，2000.
[4] 搜狐. [2021-03-31]. https://www.sohu.com/a/476035109_559321.
[5] 贵人树. 中国色彩应用的发展史[Z/OL]. (2019-03-03) [2021-03-31]. https://www.jianshu.com/p/62cf6caeccee.
[6] 羽番. 什么是中国传统色？[Z/OL]. (2021-03-11) [2021-03-31]. https://mp.weixin.qq.com/s/ePI8gR7whOahtPJUiTtJxA.

第六课　日本的社会福祉

[1] 工藤征四郎，陈小梅，黄富表. 日本的医疗制度[J]. 中国康复理论与实践，2013，19（01）：36－41.
[2] 郭豫学，鲁丽萍，张彩霞. 日本医养结合的制度及借鉴[J]. 卫生职业教育，2020，38（12）：157－159.

第七课　日本的国球

[1] 张瑞林. 棒垒球运动[M]. 北京：高等教育出版社，2013:4.

[2] 钟丹. 日本棒球发展历史研究[J]. 体育文化导刊，2017（3）：178－187.

第八课　日本的汉字文化

[1] 齋藤希史. 漢文脈と近代日本[M]. 東京：角川ソフィア文庫，2014.

[2] 酒井直樹.「死産」される日本語・日本人[M]. 東京：新曜社，1996.

[3] 笹原宏之. 国字の位相と展開[M]. 東京：三省堂，2007.

[4] 笹原宏之. 日本の漢字[M]. 東京：岩波書店，2007.

[5] 庄司博史. ことばの二〇世紀[M]. 東京：ドメス出版，1999.

[6] 沈国威，内田慶市編. 近代東アジアにおける文体の変遷：形式と内実の相克を超えて[M]. 白帝社，2010.

[7] 鈴木貞美. 戦後思想は日本を読みそこねてきた—近現代思想史再考[M]. 東京：平凡社，2010.

[8] 鈴木貞美. 日本語の「常識」を問う[M]. 東京：平凡社，2011.

[9] 田中克彦. ことばと国家[M]. 東京：岩波新書，1981.

[10]土屋道雄. 国語問題論争史[M]. 東京：玉川大学出版部，2005.

[11]長志珠絵. 近代日本と国語ナショナリズム[M]. 東京：吉川弘文館，1998.

[12]野村敏夫. 国語政策の戦後史[M]. 東京：大修館書店，2006.

[13]平井昌夫. 安田敏朗解説. 國語國字問題の歴史[M]. 東京：三元社，1998.

[14]文化庁編. 国語施策百年史[M]. 東京：ぎょうせい株式会社，2006.

[15]丸谷才一編. 国語改革を批判する[M]. 東京：中央公論社，1983.

[16] 村田雄二郎，Christine Lamarre. 漢字圏の近代：ことばと国家[C]. 東京：東京大学出版会，2005.

[17]安田敏朗.「国語」の近代史[M]. 東京：中央公論新社，2006.

[18]安田敏朗. 国語審議会—迷走の 60 年[M]. 東京：講談社，2007.

[19]安田敏朗. 漢字廃止の思想史[M]. 東京：平凡社，2016.

[20]陈力卫. 东来东往：近代中日之间的语词概念[M]. 北京：社会科学文献出版社，2019.

[21]洪仁善. 战后日本的汉字政策研究[M]. 北京：商务印书馆，2011.

[22] 沈国威. 近代中日词汇交流研究：汉字新词的创制、容受与共享[M]. 北京：中华书局，2010.

第九课　日本的诗歌文化

[1] 一筆啓上. 日本一短い「家族」への手紙［M］. 東京：角川文庫，1999.

[2] 一筆啓上. 日本一短い「愛」の手紙［M］. 桑名：大巧社，1996.
[3] 人民网日文版. 中国捐赠给国外的防疫物资上，还有这些温暖的寄语[Z/OL]. (2020-03-22) [2021-03-31]. https://mp.weixin.qq.com/s/XIPBRYaTeYYEdeuS66C71Q.
[4] 人民中国. 抗疫时期那些治癒心灵的俳句[Z/OL]. (2020-05-02) [2021-05-30]. https://mp.weixin.qq.com/s/gMB-FcCTW1DHCfGd4KzYqA.
[5] 人民中国. 俳句与汉俳："美美与共"的诗歌交流[Z/OL]. (2022-02-04) [2022-03-31]. https://mp.weixin.qq.com/s/3yoCu4VkN7fW9svW97jspQ.

第十课　日本的寺院文化

[1] 何云. 我们真的了解"日本佛教"了吗？[J]. 佛教文化，1998（05）：1.
[2] 黄晓林. 日本近现代宗教团体立法沿革及理念的变迁[J]. 日本问题研究，2017，31（01）：16－22.
[3] 罗玲. 日本佛教的实用主义色彩及其成因[J]. 牡丹江大学学报，2010，19（03）：70－71.
[4] 悟灯. 近现代日本佛教的变革与现代化转型[J]. 法音，2019，415（03）：47－51.
[5] 筱原典生. 揖别长安：空海与日本寺院中的唐代佛像[J]. 美成在久，2018，21（01）：16－29.
[6] 谢术福. 唐风东渡：鉴真和尚与日本寺院建筑——以唐招提寺为中心[J]. 法音，2022，No.449（01）：52－55.

第十一课　日本的礼仪文化

[1] 边静. 新日本社会[M]. 北京：北京大学出版社，2015.
[2] 刘利国，宫伟. 新经典日本语听力教程第四册[M]. 北京：外语教学与研究出版社，2016.

第十二课　日本的化妆文化

[1] 舘林梓. 化粧文化論[J]. フェリス女学院大学日文大学院紀要，2010（17）：11.
[2] 吴娟. 论中日两国对化妆的不同态度[J]. 科技经济市场，2015（2）：96.
[3] 日本维基百科（URL：https://www.ja.m.wikipedia.org，2023-4-26）.
[4] 日语帮（URL：https://www.jianshu.com/p/0f356c69ff08，2023-4-26）.
[5]《1 分钟看完日本妆容百年变迁史》（URL：https://fashion.qq.com/a/20150529/007394_all.htm，2023-4-26）.
[6] 百度百科：山口小夜子（URL：https://baike.baidu.com/item/%E5%B1%B1%E5%8F%A3%E5%B0%8F%E5%A4%9C%E5%AD%90/5363214?fr=aladdin，2023-4-26）.

第十三课　《千与千寻》中的日本传统和现代文化

[1] 李红侠.《千与千寻》中的日本文化解析[J]. 内蒙古财经大学学报，2018（16）：135.

[2] 姚俊. 日本动画电影《千与千寻》主题探寻. 动漫研究[J]. 2015（12）：123.

第十四课　日本的二次元文化

[1] 丁春燕. 二次元文化对当下国产电影审美趋向的影响[D]. 郑州：郑州大学，2018.

[2]“二次元”究竟是种啥文化？[N]. 天津日报，2017-7-26.

[3] 胡霞. 从二次元文化的特点出发来看我国影视剧的发展[J]. 戏剧之家，2019（4）：99+101.

[4] 洪兆惠. 二次元文化产品靠什么对新生代产生渗透力？[N]. 中国艺术报，2017-7-14.

[5] 刘小源. 二次元文化与网络文学[J]. 东岳论丛，2017（9）：104－116.

[6] 叶凯. 二次元文化对当下中国电影审美倾向的影响[J]. 当代电影，2016（8）：142－144.

第十五课　日本动漫中的中国元素

[1] 郝予尧. 日本动漫的中国元素应用研究[D]. 海口：海南师范大学，2018.

[2] 李莉薇. 论大正时期日本作家对京剧的接受[J]. 国外文学，2013（2）：80－88.

[3] 刘文. 日本动漫作品中的中国元素[D]. 锦州：渤海大学，2014.

第十六课　日本动漫中的节日文化

[1] 胡倩. 动漫与国家形象——日本动漫在中国的传播研究[D]. 杭州：浙江大学，2009：43－44.

第十七课　日本动漫周边文化

[1] 李彬，于振冲. 日本文化产业投融资模式与市场战略分析[J]. 现代日本经济，2013（04）：60－68.

[2] 夏槿. 动漫——平成时代的文化名片[J]. 世界文化，2019（06）：17－21.

[3] 余建平，蒋乃鹏，胡峰. 日本动漫与日本文化的互动关系——兼论对中国动漫产业发展的启示[J]. 日本问题研究，2015，29（05）：64－72.

[4] 櫻井孝昌. アニメ文化外交. ちくま新書，2009.

[5] 一般財団法人日本動画協会. アニメ産業レポート 2018.（URL：https://aja.gr.jp）